書目題跋叢書

崇雅堂書録
崇雅堂碑録

第四册

甘鵬雲 撰
劉暢 趙嘉 點校
張志清 審定

中華書局

崇雅堂書録卷之十五

潛江甘鵬雲藥樵編

集部六

詩文評類

文心雕龍十卷

梁劉勰撰。《漢魏叢書》本。湖北局刻本。《四庫》著録。

文心雕龍輯注十卷

清黄叔琳注。乾隆六年姚培謙刻本。《四庫》著録。

文心雕龍注評十卷

清黄叔琳注，紀昀評。道光十三年兩廣節署刻朱墨套印本。

詩品三卷

梁鍾嶸撰。《津逮秘書》本。《五朝小説》本。《漢魏叢書》本。《四庫》著録。

文章緣起一卷

舊題梁任昉撰。《漢魏叢書》本。光緒甲申徐幹刻本。《四庫》著録。

詩品一卷

唐司空圖撰。《津逮秘書》本。《龍威秘書》本。《四庫》著録。

本事詩一卷

唐孟棨撰。《津逮秘書》本。《龍威秘書》本。《四庫》著録。

詩式五卷

唐釋皎然撰。《十萬卷樓叢書》本。《四庫》存目一卷。

六一詩話一卷

宋歐陽修撰。《百川學海》本。《津逮秘書》本。《文忠全集》本。《四庫》著録。

續詩話一卷

宋司馬光撰。《百川學海》本。《津逮秘書》本。《四庫》著録。

中山詩話一卷

宋劉攽撰。《百川學海》本。《津逮秘書》本。《四庫》著録。

後山詩話一卷

宋陳師道撰。《百川學海》本。《津逮秘書》本。《稗海》本。《後山集》附刻本。《四庫》著録。

臨漢隱居詩話一卷

宋魏泰撰。《知不足齋叢書》本。《龍威秘書》本。《湖北先正遺書》本。《四庫》著録。

彦周詩話一卷

宋許顗撰。《百川學海》本。《津逮秘書》本。《稗海》本。《四庫》著録。

優古堂詩話一卷

宋吴幵撰。《讀畫齋叢書》本。《四庫》著録。

艇齋詩話一卷

宋曾季貍撰。《琳瑯秘室叢書》本。

紫微詩話一卷

宋吕本中撰。《百川學海》本。《津逮秘書》本。《四庫》著録。

四六話二卷

宋王銍撰。《百川學海》本。《四庫》著録。

珊瑚鉤詩話三卷

宋張表臣撰。《百川學海》本。《四庫》著録。

石林詩話三卷

宋葉夢得撰。《百川學海》本。《津逮秘書》本。葉德輝刻《石林遺書》本。《四庫》著録一卷。

藏海詩話一卷

宋吴可撰。《知不足齋叢書》本。《四庫》著録。

歲寒堂詩話二卷

宋張誡撰。武英殿聚珍板本。杭州縮本。《四庫》著録。

庚溪詩話一卷

宋陳巖肖撰。《百川學海》本。《四庫》著録二卷。

韻語陽秋二十卷

宋葛立方撰。《常州先哲遺書》本。《四庫》著録。

碧溪詩話十卷

宋黄徹撰。《知不足齋叢書》本。《四庫》著録。

唐詩紀事八十一卷

宋計有功撰。明嘉靖中杭州刻本，有闕卷。《四庫》著録。

觀林詩話一卷

宋吴聿撰。《守山閣叢書》本。盧氏影印《湖北先正遺書》本。《四庫》著録。

四六談麈一卷

宋謝伋撰。《百川學海》本。《四庫》著録。

竹坡詩話二卷

宋周紫芝撰。《百川學海》本。《四庫》著録。

苕溪漁隱叢話前集六十卷後集四十卷

宋胡仔撰。耘經樓重刻宋本，無年月。《海山仙館叢書》本。《四庫》著録。

文則二卷

宋陳騤撰。《台州叢書》本。《四庫》著録。

全唐詩話六卷

宋尤袤撰。《津逮秘書》本。《四庫》存目十卷。

二老堂詩話一卷

宋周必大撰。《津逮秘書》本。《四庫》著録。

滄浪詩話一卷

宋嚴羽撰。《津逮秘書》本。《樵川二家詩》附刻本。《四庫》著録。

詩人玉屑二十卷

宋魏慶之編。仿宋刊本，無年月。《四庫》著録。

雲莊四六餘話一卷

宋楊囦道撰。《讀畫齋叢書》本。

誠齋詩話一卷

宋楊萬里撰。《誠齋全集》附刻本。《四庫》著録。

餘師録四卷

宋王正德撰。《守山閣叢書》本。《四庫》著録。

娱書堂詩話一卷

宋趙與虤撰。《讀畫齋叢書》本。《四庫》著録。

梅磵詩話三卷

宋韋居安撰。《讀畫齋叢書》本。

草堂詩話二卷

宋蔡夢弼撰。《古逸叢書》仿宋麻沙本。《草堂詩箋》附刻本。方功惠刻《草堂詩箋》附刻本。《四庫》著録。

浩然齋雅談三卷

宋周密撰。武英殿聚珍板本。杭州縮本。《四庫》著録。

對牀夜話五卷

宋范晞文撰。《知不足齋叢書》本。《武林往哲遺著》本。《四庫》著録。

滹南詩話三卷

金王若虛撰。《知不足齋叢書》本。《龍威秘書》本。

吴禮部詩話一卷

元吴師道撰。《知不足齋叢書》本。

蓮堂詩話二卷

元祝誠撰。《琳瑯秘室叢書》本。

作義要訣一卷

元倪士毅撰。《十萬卷樓叢書》本。《雲自在龕叢書》本。《四庫》著録。

詩譜一卷

元陳繹曾撰。《五朝小説》本。

懷麓堂詩話一卷

明李東陽撰。《知不足齋叢書》本。《四庫》著録。

歸田詩話二卷

明瞿佑撰。《知不足齋叢書》本。《龍威秘書》本。《四庫》存目三卷。

南濠詩話一卷

明都穆撰。《知不足齋叢書》本。《四庫》存目。

四溟詩話四卷

明謝榛撰。《海山仙館叢書》本。

讀詩拙言一卷

明陳第撰。《一齋全書》本。《海山仙館叢書》本。

談藝録一卷

明徐禎卿撰。《弘正四傑集》附刻本。

升庵詩話十二卷補遺二卷

明楊慎撰。《函海》本。

文通三十一卷

明朱荃宰撰。明刻本。《四庫》存目。

詩藪内編六卷外編四卷雜編六卷續編二卷

明胡應麟撰。明刻本，無年月。廣雅書局刻本，無《續編》。《四庫》存目。

存餘堂詩話一卷

明朱承爵撰。《常州先哲遺書》本。《四庫》存目。

頑潭詩話二卷補遺一卷附録二卷

明陳瑚撰。《峭帆樓叢書》本。

唐音癸籤三十三卷

明胡震亨撰。康熙戊戌江陰刻本。《四庫》著録。

夕堂永日緒論内篇一卷外篇一卷詩繹一卷

清王夫之撰。《船山遺書》本。

救文格論一卷

清顧炎武撰。《亭林遺書》本。

詩筏一卷

清賀貽孫撰。道光丙午六世孫鳴盛刻《全集》本。

梅村詩話一卷

清吴偉業撰。《觀自得齋叢書》本。《梅村家藏稿》附刻本。

漁洋詩話三卷

明王士禎撰。康熙庚寅黄叔琳刻本。雍正乙巳俞兆晟重印本。《四庫》著録。

律詩定體一卷

清王士禎撰。《觀自得齋叢書》本。

帶經堂詩話三十卷

清張宗柟輯漁洋詩説。乾隆庚辰刻本。同治癸酉廣東藏修堂刻本。

然鐙紀聞一卷

清何世璂述《漁洋詩説》。《觀自得齋叢書》本。

漁洋山人詩問二卷

清郎廷槐編《漁洋答弟子問》。《觀自得齋叢書》本。

律詩四辨四卷

清李宗文撰。《榕村全書》本。

聲調譜二卷

清趙執信撰。《藝海珠塵》本。《四庫》著録。

談龍録一卷

清趙執信撰。《貸園叢書》本。《藝海珠塵》本。《四庫》著録。

聲調譜補遺一卷

清翟翬撰。《藝海珠塵》本。

静志居詩話二十四卷

清朱彝尊撰。嘉慶己卯姚氏扶荔山房刻本。

西河詩話八卷

清毛奇齡撰。《西河全集》本。《四庫》存目。

蠖齋詩話二卷

清施閏章撰。《四庫》存目。《愚山全集》附刻本。

漫堂説詩一卷

清宋犖撰。《西陂類稿》附刻本。《四庫》存目。

明人詩品二卷

清杜蔭棠撰。《小石山房叢書》本。

四六金針一卷

清陳維崧撰。《雲自在龕叢書》本。《四庫》存目。

讀杜筆記一卷菜根堂論文一卷

清夏力恕撰。家刻《菜根堂全集》本。

詩學纂聞一卷

清汪師韓撰。《叢睦汪氏遺書》本。

西圃文説三卷詩説一卷

清田同之撰。乾隆間家刻本。

宋詩紀事一百卷

清厲鶚撰。乾隆十一年刻本。《四庫》著録。

五代詩話十卷

清鄭方坤撰。《粤雅堂叢書》本。《四庫》著録。

國朝詩鈔小傳四卷

清鄭方坤撰。鵬雲手抄本。《龍威秘書》本。

拜經樓詩話四卷

清吴騫撰。《藝海珠塵》本。

國朝詩人徵略六十卷

清張維屏撰。道光十年廣東刻本。

隨園詩話十六卷補遺八卷

清袁枚撰。《隨園全集》本。

榕城詩話三卷

清杭世駿撰。《知不足齋叢書》本。《四庫》存目。

石洲詩話八卷

清翁方綱撰。《蘇齋叢書》本。《粤雅堂叢書》本。

小石帆亭著録六卷

清翁方綱撰。《蘇齋叢書》本。

甌北詩話十二卷

清趙翼撰。湛貽堂原刻本。

蓮坡詩話三卷

清查爲仁撰。《龍威秘書》本。

星湄詩話二卷

清徐傳師撰。《峭帆樓叢書》本。

月山詩話一卷

清恒仁撰。《藝海珠塵》本。

茗香詩論一卷

清宋大樽撰。《知不足齋叢書》本。

北江詩話六卷

清洪亮吉撰。《北江全集》本。《粵雅堂叢書》本。

遼詩話二卷

清周春撰。《述古叢鈔》本。

江西詩派圖録一卷小序一卷

清張泰來撰。《知不足齋叢書》本。

夢曉樓隨筆一卷

清宋顧樂撰。《小石山房叢書》本。

山静居詩話一卷

清方薰撰。《别下齋叢書》本。

廣陵詩事十卷

清阮元編。《文選樓叢書》本。光緒庚寅重刻本。

全浙詩話五十四卷

清陶元藻撰。嘉慶丙辰怡雲閣刻本。

全浙詩話刊誤一卷

清張道撰。湖北書局刻《巾箱叢書》本。

匏廬詩話三卷

清沈濤撰。《槜李遺書》本。

春秋詩話五卷

清勞孝輿撰。《嶺南遺書》本。

楚天樵話二卷

清張清標撰。光緒壬辰漢川劉洪烈刻本。

香石詩話四卷

清黄培芳撰。嘉慶庚午刻本。

考田詩話八卷

清喻文鏊撰。道光四年王壽榕刻本。

四六叢話三十二卷

清孫梅撰。嘉慶三年刻本。光緒七年吴下重刻本。

宋四六話十二卷

清彭元瑞撰。《海山仙館叢書》本。

制藝叢話二十四卷

清梁章鉅撰。道光庚戌刻本。

初月樓古文緒論一卷

清吴德旋撰。《別下齋叢書》本。

藝概六卷

清劉熙載撰。光緒八年家刻《古桐書屋遺書》本。

古詩十九首解一卷

清張庚撰。《藝海珠塵》本。

湖北詩徵傳略四十八卷

清丁宿章編。光緒刻本。

宋詩紀事補遺一百卷小傳補正三卷
清陸心源撰。光緒癸巳家刻本。
元詩紀事十六卷
近人陳衍撰。光緒活字排印本。
明詩紀事一百八十七卷
清陳田撰。貴陽陳氏聽詩齋刻本。
鳴原堂論文二卷
清曾國藩撰。家刻《文正全集》本。
瓶水齋詩話一卷
清舒位撰。《瓶水齋集》附刻本。
昭昧詹言二十一卷

清方東樹撰。吴汝綸評，武強賀氏刻本。

藻川堂談藝四卷

清鄧繹撰。光緒十四年自刻本。

雪橋詩話十二卷

近人楊鍾羲撰。南林劉氏求恕齋刻本。

古文辭通義二十卷

近人王葆心撰。活字排印本。

石遺室詩話十三卷

近人陳衍撰。石印本。

右集部詩文評類一百二十六種，一千三百八十一卷，重者不計。

集部七

詞曲類

南唐二主詞一卷

中主、後主撰。康熙己巳錫山侯文燦刻《名家詞》本。

陽春集一卷

南唐馮延己撰。侯文燦刻《名家詞》本。

安陸詞一卷附録一卷

宋張先撰。葛鳴陽刻張有《復古編》附刻本。《四庫》著録。

張子野詞二卷補遺二卷

宋張先撰。《知不足齋叢書》本。

珠玉詞一卷

宋晏殊撰。明毛晉汲古閣刻《宋六十家詞》本。《四庫》著録。

六一詞一卷

宋歐陽修撰。《文忠全集》本。汲古閣本。《四庫》著録。

東坡樂府二卷

宋蘇軾撰。光緒戊子王鵬運重刻元延祐本。汲古閣本。

東山詞一卷

宋賀鑄撰。錫山侯文燦刻《名家詞》本。

樂章集一卷

宋柳永撰。光緒壬寅吴重憙刻本，附《補遺》、《校勘記》。《四庫》著録。

山谷詞一卷
宋黄庭堅撰。《山谷全集》本。汲古閣本。《四庫》著録。

淮海詞一卷
宋秦觀撰。道光丁酉王敬之刻《淮海全集》本。汲古閣本。《四庫》著録。

陽春集一卷
宋米友仁撰。《知不足齋叢書》本。

小山詞一卷
宋晏幾道撰。汲古閣本。《四庫》著録。

片玉詞二卷補遺一卷
宋周邦彦撰。汲古閣本。《四庫》著録。

清真詞二卷集外詞一卷

宋周邦彦撰。光緒丙申王鵬運仿刻元巾箱本。

得全居士詞一卷

宋趙鼎撰。《别下齋叢書》本。

澹庵長短句一卷

宋胡銓撰。《别下齋叢書》本。

漱玉詞一卷

宋李清照撰。明毛晉刻《詩詞雜組》本。《四庫》著録。

東堂詞一卷

宋毛滂撰。汲古閣本。《四庫》著録。

石湖詞一卷

宋范成大撰。《知不足齋叢書》本。

和石湖詞一卷

宋陳三聘撰。《知不足齋叢書》本。

放翁詞一卷

宋陸游撰。毛刻《宋詞》本。《四庫》著録。

稼軒長短句十二卷

宋辛棄疾撰。明萬曆丙申王詒刻本。光緒戊子王鵬運重刻元信州本。

辛稼軒詞四卷補遺一卷

嘉慶十六年裔孫啟泰刻《全集》本。《四庫》著録。

花外集一卷

宋王沂孫撰。《知不足齋叢書》本，一題《碧山樂府》。秦恩復校刻本。

梅溪詞一卷

宋史達祖撰。毛刻《宋詞》本。《四庫》著録。

白石道人歌曲四卷别集一卷

宋姜夔撰。乾隆癸亥陸鍾煇刻本。《榆園叢書》本。《四庫》著録。

月湖漁唱一卷補遺一卷續補遺一卷

宋陳允平撰。《粤雅堂叢書》本。秦恩復刻《詞學叢書》本。

山中白雲詞八卷

宋張炎撰。《榆園叢書》本。《四庫》著録。

蘋洲漁笛譜二卷

宋周密撰。《知不足齋叢書》本。

草窗詞二卷

宋周密撰。《知不足齋叢書》本。劉文湛校杜文瀾刻本。朱祖謀校刻本，多《補遺》二卷。

斷腸詞一卷

宋朱淑真撰。明毛晉刻《詩詞雜俎》本。《四庫》著録。

石林詞一卷

宋葉夢得撰。葉德輝刻《石林遺書》本。《四庫》著録。

酒邊詞二卷

宋向子諲撰。毛刻《宋詞》本。《四庫》著録。

蒲江詞一卷

宋盧祖皋撰。冒廣生《永嘉詩人祠堂叢刻》本。《四庫》著録。

趙待制稿一卷

宋趙雍撰。《知不足齋叢書》本。

近體樂府一卷

宋周必大撰。毛刻《宋詞》本。《四庫》存目。

信齋詞一卷

宋葛郯撰。《常州先哲遺書》本。侯文燦刻《名家詞》本。

晦庵詞一卷

宋朱子撰。光緒乙未張祖同刻《宋元名家詞》本。

溪堂詞一卷

宋謝逸撰。毛刻《宋詞》本。《四庫》著録。

樵隱詞一卷

宋毛幵撰。毛刻《宋詞》本。《四庫》著録。

竹山詞一卷

宋蔣捷撰。毛刻《宋詞》本。《四庫》著録。

書舟詞一卷

宋程垓撰。毛刻《宋詞》本。《四庫》著録。

坦庵詞一卷

宋趙師俠撰。毛刻《宋詞》本。《四庫》著録。

惜香樂府十卷

宋趙長卿撰。毛刻《宋詞》本。《四庫》著録。

西樵語業一卷

宋楊炎正撰。毛刻《宋詞》本。《四庫》著録。

竹屋癡語一卷

宋高觀國撰。毛刻《宋詞》本。《四庫》著録。

夢窗稿四卷補遺一卷

宋吴文英撰。毛刻《宋詞》本。《四庫》著録。

竹齋詩餘一卷

宋黄機撰。毛刻《宋詞》本。《四庫》著録。

金谷遺音一卷

宋石孝友撰。毛刻《宋詞》本。《四庫》存目。

散花庵詞一卷

宋黄昇撰。毛刻《宋詞》本。《四庫》著録。

和清真詞一卷

宋方千里撰。毛刻《宋詞》本。《四庫》著録。

後村别調一卷

宋劉克莊撰。毛刻《宋詞》本。《四庫》存目。

蘆川詞一卷

宋張元幹撰。毛刻《宋詞》本。《四庫》著録。

于湖詞三卷

宋張孝祥撰。毛刻《宋詞》本。《四庫》著録。

洺水詞一卷

宋程珌撰。毛刻《宋詞》本。《四庫》存目。

歸愚詞一卷

宋葛立方撰。毛刻《宋詞》本。《四庫》著録。

龍洲詞一卷

宋劉過撰。毛刻《宋詞》本。《四庫》著録。

初寮詞一卷

宋王安中撰。毛刻《宋詞》本。《四庫》著録。

龍川詞一卷詞補一卷

宋陳亮撰。毛刻《宋詞》本。補王刻《宋元詞》本。《四庫》著録。

姑溪詞一卷

宋李之儀撰。毛刻《宋詞》本。《四庫》著録。

友古詞一卷

宋蔡伸撰。毛刻《宋詞》本。《四庫》著録。

石屏詞一卷

宋戴復古撰。毛刻《宋詞》本。《四庫》著録。

海野詞一卷

宋曾覿撰。毛刻《宋詞》本。《四庫》著録。

逃禪詞一卷

宋楊无咎撰。毛刻《宋詞》本。《四庫》著録。

空同詞一卷

宋洪瑹撰。毛刻《宋詞》本。《四庫》存目。

介庵詞一卷

宋趙彦端撰。毛刻《宋詞》本。《四庫》著録。

平齋詞一卷

宋洪咨夔撰。毛刻《宋詞》本。《四庫》著録。

文溪詞一卷
宋李昴英撰。毛刻《宋詞》本。《四庫》存目。

丹陽詞一卷
宋葛勝仲撰。毛刻《宋詞》本。《四庫》著録。

嬾窟詞一卷
宋侯寘撰。毛刻《宋詞》本。《四庫》著録。

克齋詞一卷
宋沈端節撰。毛刻《宋詞》本。《四庫》著録。

芸窗詞一卷
宋張榘撰。毛刻《宋詞》本。《四庫》存目。

竹坡詞三卷

宋周紫芝撰。毛刻《宋詞》本。《四庫》著録。

聖求詞一卷

宋吕渭撰。毛刻《宋詞》本。《四庫》著録。

壽域詞一卷

宋杜安世撰。毛刻《宋詞》本。《四庫》存目。

審齋詞一卷

宋王千秋撰。毛刻《宋詞》本。《四庫》著録。

東浦詞一卷

宋韓玉撰。毛刻《宋詞》本。《四庫》著録。

知稼翁詞一卷

宋黄公度撰。毛刻《宋詞》本。《四庫》著録。

無住詞一卷
宋陳與義撰。毛刻《宋詞》本。《四庫》著録。

後山詞一卷
宋陳師道撰。毛刻《宋詞》本。《四庫》存目。

琴趣外篇六卷
宋晁補之撰。毛刻《宋詞》本。《四庫》著録，題《晁无咎詞》。

烘堂詞一卷
宋盧炳撰。毛刻《宋詞》本。《四庫》存目。

逍遥詞一卷
宋潘閬撰。王鵬運編刻《宋元三十一家詞》本。

筠溪詞一卷

宋李彌遠撰。王刻《宋元詞》本。《四庫》著録。

栟櫚詞一卷

宋鄧肅撰。王刻《宋元詞》本。

樵歌拾遺一卷

宋朱敦儒撰。王刻《宋元詞》本。

梅詞一卷

宋朱雍撰。王刻《宋元詞》本。

綺川詞一卷

宋倪稱撰。王刻《宋元詞》本。

東溪詞一卷

宋高登撰。王刻《宋元詞》本。

文定公詞一卷

宋邱崈撰。王刻《宋元詞》本。

燕喜詞一卷

宋曹冠撰。王刻《宋元詞》本。又《别下齋叢書》本。

梅山詞一卷

宋姜特立撰。王刻《宋元詞》本。

拙庵詞一卷

宋趙磻老撰。王刻《宋元詞》本。

宣卿詞一卷

宋袁去華撰。王刻《宋元詞》本。

晦庵詞一卷

宋李處全撰。王刻《宋元詞》本。

養拙堂詞一卷

宋管鑑撰。王刻《宋元詞》本。

雙溪詩餘一卷

宋王炎撰。王刻《宋元詞》本。

龜峰詞一卷

宋陳人傑撰。王刻《宋元詞》本。

梅屋詩餘一卷

宋許棐撰。王刻《宋元詞》本。

秋崖詞一卷

宋方岳撰。王刻《宋元詞》本。

碎錦詞一卷

宋李好古撰。王刻《宋元詞》本。

潛齋詞一卷

宋何夢桂撰。王刻《宋元詞》本。

覆瓿詞一卷

宋趙必瑑撰。王刻《宋元詞》本。

撫掌詞一卷

宋歐良撰。王刻《宋元詞》本。

樂齋詞一卷

宋向滈撰。光緒乙未張祖同編刻《宋元詞》本。

竹洲詞一卷

宋吴儆撰。張刻《宋元詞》本。侯文燦刻《名家詞》本。

虚齋樂府一卷

宋趙以夫撰。張刻《宋元詞》本。侯文燦刻《名家詞》本。

和清真詞一卷

宋楊澤民撰。張刻《宋元詞》本。

文山樂府一卷

宋文天祥撰。張刻《宋元詞》本。

雪坡詞一卷

宋姚勉撰。張刻《宋元詞》本。

演山詞一卷

宋黄裳撰。張刻《宋元詞》本。

明秀詞注三卷

金蔡松年撰，魏道明注。光緒乙未王鵬運刻本。

遺山新樂府四卷

金元好問撰。道光三十年張穆刻《遺山集》本。

藏春樂府一卷

元劉秉忠撰。王刻《宋元詞》本。

淮陽樂府一卷

元張弘範撰。王刻《宋元詞》本。

樵庵詞一卷

元劉因撰。王刻《宋元詞》本。

牆東詩餘一卷

元陸文奎撰。王刻《宋元詞》本。

天遊詞一卷

元詹玉撰。王刻《宋元詞》本。

草廬詞一卷

元吴澄撰。王刻《宋元詞》本。

松雪齋詞一卷

元趙孟頫撰。張刻《宋元詞》本。侯文燦刻《名家詞》本。

雪樓樂府一卷

元程文海撰。張刻《宋元詞》本。

雁門集一卷

元薩都剌撰。張刻《宋元詞》本。侯文燦刻《名家詞》本。

古山樂府一卷

元張埜撰。張刻《宋元詞》本。侯文燦刻《名家詞》本。

雲林詞一卷

元倪瓚撰。張刻《宋元詞》本。

蜕巖詞二卷

元張翥撰。《知不足齋叢書》本。《四庫》著録。

貞居詞二卷

元張雨撰。《知不足齋叢書》本。

茗齋詩餘二卷

清彭孫貽撰。《别下齋叢書》本。

珂雪詞二卷

清曹貞吉撰。康熙壬子刻本。《四庫》著録。

江湖載酒集三卷

清朱彝尊撰。《浙西六家詞》本。

曝書亭詞注七卷

清朱彝尊撰，李富孫注。嘉慶十九年校經廎刻本。

曝書亭删餘詞一卷

清朱彝尊撰。《觀古堂叢書》本。

迦陵詞集三十卷

清陳維崧撰。康熙間陳氏患立堂刻本。陳淮刻《湖海樓集》本，二十卷。

飴山詩餘一卷

清趙執信撰。乾隆壬辰家刻《詩文集》本。

秋錦山房詞一卷

清李良年撰。《浙西六家詞》本。

衍波詞二卷

清王士禎撰。光緒癸巳仁和許增榆園刻本。

二薌亭詞三卷

清宋琬撰。康熙間刻《安雅堂集》本。

延露詞三卷

清彭孫遹撰。《檇李叢書》本。

飲水詞二卷

清納蘭成德撰。《隨園全集》附刻本。《粤雅堂叢書》本。又許刻《榆園叢書》本，五卷。

西河填詞六卷

清毛奇齡撰。《西河全集》本。

蓉渡詞三卷

清董以寧撰。康熙刻《董文友全集》本。

百末詞六卷

清尤侗撰。《西堂全集》本。

柘西精舍詞一卷

清沈皞日撰。《浙西六家詞》本。

彈指詞三卷

清顧貞觀撰。雍正甲辰姚培謙刻本。

黑蝶齋詞一卷

清沈岸登撰。《浙西六家詞》本。

耒邊詞二卷

清李符撰。《浙西六家詞》本。

紅藕莊詞二卷

清龔翔麟撰。《浙西六家詞》本。

晚香詞一卷

清田同之撰。乾隆間自刻本，無年月。

梅邊吹笛譜二卷

清凌廷堪撰。《粤雅堂叢書》本。

坡亭詞鈔一卷

清易宏撰。《粤十三家集》本。

捧月樓詞二卷

清袁通撰。《隨園全集》附刻本。

捧月樓綺語八卷

清袁通撰。會稽章氏刻本。

板橋詞鈔一卷

清鄭燮撰。清暉書屋刻本。

蘅夢詞二卷浮眉樓詞二卷懺餘綺語二卷爨餘詞一卷

清郭麐撰。許刻《榆園叢書》本。

緑秋草堂詞一卷

清顧翰撰。《隨園全集》附刻本。

拜石山房詞四卷

清顧翰撰。《榆園叢書》本。

微波詞一卷
清錢枚撰。《榆園叢書》本。

笙月詞五卷華影詞一卷
清王詒壽撰。《榆園叢書》本。

箏船詞一卷
清劉嗣綰撰。《隨園全集》附刻本。

崇睦山房詞一卷
清金全德撰。《隨園全集》附刻本。

過雲精舍詞二卷
清楊夔笙撰。《隨園全集》附刻本。

碧梧山館詞二卷

清汪世泰撰。《隨園全集》附刻本。

嶰谷詞一卷

清馬曰琯撰。《粤雅堂叢書》本。

南齋詞二卷

清馬曰璐撰。《粤雅堂叢書》本。

江湖載酒詞二卷

清江藩撰。道光己丑家刻本。

茗柯詞一卷

清張惠言撰。道光八年阮元刻《茗柯全書》本。

謝橋詞一卷

清王鳴盛撰。王元增刻本。

立山詞一卷

清張琦撰。繆荃孫雲自在龕刻《名家詞》本。

亦有生齋詞二卷

清趙懷玉撰。嘉慶二年刻本，附《亦有生齋詩集》後。

冰天雪窖詞一卷機聲鐙影詞一卷

清洪亮吉撰。《北江遺書》本。

蠹翁詞二卷

清李調元撰。《函海》本。

香草詞一卷洞簫詞一卷碧雲盦詞二卷

清宋翔鳳撰。《浮溪精舍叢書》本。《雲自在龕叢書》本。

陶園詩餘二卷

清張九鉞撰。嘉慶戊寅張家栻刻本。

柳下詞一卷

清周青撰。《雲自在龕叢書》本。

有正味齋詞四卷

清吴錫麒撰。嘉慶十三年家刻《有正味齋集》本。

齊物論齋詞一卷

清董士錫撰。《雲自在龕叢書》本。

竹眠詞二卷

清黄景仁撰。嘉慶四年趙希璜刻《兩當軒集》本。

萬善花室詞一卷

清方履籛撰。《雲自在龕叢書》本。

小謨觴館詩餘二卷

清彭兆蓀撰。泉唐汪氏刻本，附《小謨山館詩文集》後。

金粱夢月詞一卷憶夢詞一卷

清周之琦撰。《雲自在龕叢書》本。

三十六陂漁唱一卷

清王敬之撰。《雲自在龕叢書》本。

柯家山館詞集三卷

清嚴元照撰。《湖州叢書》本。

竹鄰詞一卷

清金式玉撰。《雲自在龕叢書》本。

水雲樓詞二卷

清蔣春霖撰。《雲自在龕叢書》本。

憶雲詞四卷補遺一卷

清項廷紀撰。光緒己亥思賢書局刻本。又《榆園叢書》本。

種雲仙館詞二卷

清馮登府撰。道光六年刻本。

東洲草堂詩餘一卷

清何紹基撰。同治六年家刻《東洲草堂集》本。

舒藝室詞二卷

清張文虎撰。光緒刻本。

定庵詞五卷

清龔自珍撰。曹籀刻《定庵文集》本。吴昌綬評校《定庵集》本。

玉井山館詩餘一卷

清許宗衡撰。同治四年刻本。

春在堂詞録三卷

清俞樾撰。《春在堂全書》本。

榴實山莊詞鈔一卷

清吴存義撰。同治辛未刻本。

復堂詞六卷

清譚獻撰。《復堂類集》本。《半广叢書》本。

東浣草堂詞二卷

清樊增祥撰。自刻《樊山全集》本。

捶琴詞一卷

清諸可寶撰。光緒丙申自刻本。

左庵詩餘八卷

清繼昌撰。光緒間自刻本。

摩圍閣詞二卷楚碩亭詞一卷琴台夢語一卷

清易順鼎撰。自刻本。

定巢詞十卷

清程頌萬撰。自刻本。

以上詞曲類詞集之屬

花間集十卷

蜀趙崇祚編。明毛晉汲古閣刻《詞苑英華》本。《四庫》著録。

尊前集三卷

宋不著編輯人名氏。《詞苑英華》本。《四庫》著録。

梅苑十卷

宋黄大輿編。康熙丙戌曹寅刻《楝亭十二種》本。《四庫》著録。

樂府雅詞三卷拾遺二卷

宋曾慥編。《粤雅堂叢書》本。《四庫》著録。秦恩復刻《詞學叢書》本。

陽春白雪八卷外集一卷

宋趙聞禮編。《粤雅堂叢書》本。《詞學叢書》本。

花庵詞選十卷

宋黄昇編。《詞苑英華》本。《四庫》著録。

中興絶妙詞選十卷

宋不著編輯人名氏。《詞苑英華》本。

類編草堂詩餘四卷

宋不著編輯人名氏。《詞苑英華》本。《四庫》著録。

詞林萬選四卷詩餘圖三卷

舊題明楊慎編。《詞苑英華》本。《四庫》存目。

元鳳林書院草堂詩餘三卷

元不著編輯人名氏。《讀畫齋叢書》本。《粤雅堂叢書》本。秦恩復刻《詞學叢書》本。

蛾術詞選四卷

元邵亨貞編。光緒辛卯況周頤刻本。光緒壬辰王鵬運刻本。

樂府新編陽春白雪前集五卷後集五卷

元楊朝英編。光緒乙巳徐乃昌《隨庵叢書》仿元刻本。

草堂詩餘正集六卷續集二卷别集四卷新集五卷

明顧從敬編，《續集》明長湖外史編，《别集》、《新集》明沈際飛編。明萬曆刻本。

歷代詩餘一百二十卷

清康熙四十六年敕編。蟫隱廬影印武英殿本。《四庫》著録。

詞綜三十六卷

清朱彝尊編。康熙戊午裘杼樓刻本，嗣王昶《續編》兩卷，乃有三十八卷。《四庫》著録。

明詞綜十二卷

清王昶編。嘉慶七年刻本。

國朝詞綜四十八卷

清王昶撰。嘉慶七年刻本。同治四年亦西齋刻本。

昭代詞選二十八卷

清蔣重光編。乾隆丁亥刻本。

清綺軒詞選十三卷

清夏秉衡編。乾隆辛未刻本。

宋四家詞選一卷

清周濟編。《滂喜齋叢書》本。

詞選二卷附録一卷

清張惠言編。《茗柯全集》附刻本。章氏式訓堂刻本。

續詞選二卷附録一卷

清董毅編。道光十年張琦序刻本。

篋中詞六卷續四卷

清譚獻編。自刻《半厂叢書》本。

白香詞譜箋四卷

清舒夢蘭撰，謝朝徵箋。《半厂叢書》本。

以上詞曲類詞選之屬

樂府補題一卷

不著編輯人名氏。《知不足齋叢書》本。

碧雞漫志一卷

宋王灼編。《知不足齋叢書》本。《四庫》著録。

詞源二卷

宋張炎撰。《粤雅堂叢書》本。《守山閣叢書》本。許刻《榆園叢書》本。秦刻《詞學叢書》本。

樂府指迷一卷

宋張炎撰。光緒十年戈載刻本。

詞旨一卷

元陸輔之撰。光緒戊子王鵬運刻本。《四庫》存目。

詞品一卷

明王世貞撰。《小石山房叢書》本。

升庵詞品六卷補遺一卷

明楊慎撰。《函海》本。

西河詞話二卷

清毛奇齡撰。《西河全集》本。

金粟詞話一卷

清彭孫遹撰。《別下齋叢書》本。

七頌堂詞繹一卷

清劉體仁撰。《別下齋叢書》本。

詞苑叢談十二卷

清徐釚撰。《海山仙館叢書》本。《四庫》著録。

西圃詞説一卷

清田同之撰。乾隆間自刻本，無年月。

詞麈五卷

清方成培撰。《讀畫齋叢書》本。

樂府餘論一卷

清宋翔鳳撰。《雲自在龕叢書》本。

蓮子居詞話四卷

清吴衡照撰。嘉慶戊寅刻本。

詞學集成八卷

清江順詒撰。光緒辛巳刻本。

曲論一卷

清何良俊撰。《古學彙刊》本。

詞譜四十卷

清康熙五十四年御定。内府刻朱墨套印本。《四庫》著録。

菉斐軒詞林韻釋一卷

元不著撰人名氏。《粤雅堂叢書》本。光緒癸卯徐乃昌《隨庵叢書》仿宋刻本。

詞律二十卷

清萬樹撰。康熙戊辰刻本。康熙丁卯堆絮園刻本。許刻《榆園叢書》本。《四庫》著録。

樂府傳聲二卷

清徐大椿撰。湖北局刻《巾箱叢書》本。

以上詞曲類詞話詞譜詞韻之屬

右集部詞曲類二百四十三種，九百零四卷，重者不計。

崇雅堂書録卷之十五終

共和紀元之二十四年，歲次乙亥，潛江甘氏息園印行。從子世恩編類，外甥劉民安繕稿，從孫永鴻覆繕，長孫永思校稿，二女世珊督印，三女世玲初校，次孫永惇覆校，門人劉文嘉總校。

崇雅堂書録跋

右《崇雅堂書録》十五卷，吾師潛廬先生之藏籍也。分列四部，存儲北平息園，合複本計之，將二十萬卷，而藏諸潛陽將廬者，尚不在此列，可謂富矣！先生以書爲性命，自少至老，未嘗一日廢書不觀。足跡所至，蒐訪載籍殊勤，以故所獲特多。雖尠宋槧元抄，而要典、雅記經先輩通人論定者，搜羅不少。先生之言曰：「賞鑒家之藏書非吾力所能。吾之藏書，但求便讀而已。」自來藏書家侈録宋本，次則元槧，至於近刻，則屏而不録。此所謂賞鑒家之藏書也。先生則踵江上雲林閣倪氏、持静齋丁氏、觀古堂葉氏三家書目之例，多收時刻，不侈談宋元，專爲讀書計耳。蓋先生藏書之宗旨如此。全謝山有詩云：「藏書不擇書，糠粃混精鑿。藏書不讀書，庋置憐寂寞。讀之或不善，喪志空作惡。」先生所藏精校精注本爲多，非是不入插架也。與藏而不擇者異。每得一書，輒加讐校，或鉤玄提要，識諸書衣。於是有《潛廬檢書記》十餘卷，與藏而不讀者異。先生常語，學者讀書務求有益而已，有益於身，有益於家，有益於鄉，有益於國，非是不屑措意。彼夫文滅質，博溺心，適時自售，而舍己徇人者，滔滔皆是也，先生則痛斥之。文嘉竊窺先生之用心，非徒言之，實允蹈之。古人所謂爲己之學，先生殆無愧焉。假與謝山並世，得不引爲同調乎？年五十六，即挂冠不復出，耽心著述，垂老不勸，而於鄉邦文獻，網羅尤勤。覩國勢之蜩螗，生民之塗炭，輙深矉太息，而有無窮之悲。既已無可奈何，則惟日坐書叢，假典籍以聊解愁悶。深寧叟所云炳燭之明，用志不紛者，惟先生足以當之。《書録》之作，亦先生不得已之極思也。自辛亥以來，書籍之厄於兵燹、水火者，亦屢見不一見矣。舊家子弟不能保守楹書而流出廠肆者，悉數之而不能終矣。有聚不能無散，物理類然，而況世變日亟，國學有淪亡之懼乎！先生固逆慮之，留此一編，聊作前塵夢影之留耳。然而其心苦矣！文嘉承命校讐，於先生意旨略有窺見，輙不揣固陋，而書諸卷尾。崇雅堂藏碑搨至富，有《碑録》九卷，附刻《書録》之後。其編次趣旨與《書録》無以異也，故不贅言。甲戌夏六月，受業劉文嘉謹跋。

崇雅堂碑録

崇雅堂碑録導言

素有金石癖，所蒐搨本不下數千通，藏諸篋衍久矣。二女世珊、三女世玲、次孫永惇方學書，來問書學源流，語之曰：「凡學書，宜先學碑版，欲考書學源流，宜先知碑版源流。秦有八體，而刻符、蟲書、摹印、署書、殳書，後世不通行；漢有六書，而古文、奇字、繆篆、鳥蟲書，後世不通行，其通行者篆、隸二體而已；由隸而變乃有真書，故稱今隸焉。其旁出者爲草書，肇於漢，盛於晉，自是而後，號稱書家者雖不乏人，大都此四體爲多，觀歷代碑刻可見也。知歷代碑刻之源流，則歷代書學之源流可以十得八九矣。」永惇等請曰：「藏碑目録，先兄曾經創編，盍賡續成之，以竟其志乎？」予忻然曰：「是吾心也。」永惇等乃復按年排比，予亦時爲指示，自秦、漢、三國、六朝、隋、唐，歷宋、金、元、明，迄於遜清，編成五卷，附刻於《書録》之後。於乎！思孫已矣，書成，乃不及見，檢閲藏碑，不禁老淚之盈睫也。乙亥夏六月，息園老人書，時年七十有四。

金石家不收近刻，非也。歐、趙《集古》《金石》二録，迄五代而止，非近刻乎？是編下迄遜清，亦歐、趙例也。

舊刻出土，日益增多，是編不能備也，續有所得，容俟《補編》。

崇雅堂碑録卷之一

潛江甘鵬雲耐公編

相傳古刻

岣嶁碑　篆書，無年月，湖南衡山。按此碑有四本：岣嶁爲原刻，一湖北漢陽大别山摹本，一金陵栖霞山摹本，一四川成都摹本。

吴延陵季子墓碑　相傳爲孔子篆書。唐大曆十四年蕭定重刻。江蘇丹陽延陵鎮吴季子廟。按此碑有五本：蕭定重刻本外，一唐開元中玄宗命殷仲容摹刻本，見張從申跋；一丹陽縣南門外驛前刻本；一宋崇寧二年朱彦重摹本，在江陰縣；一四川成都府學摹刻本。

石鼓文　篆書，無年月。唐韓愈云周宣王時，金馬定國云宇文周時。舊京國子監。

秦

琅玡臺刻石　李斯篆書，二世元年，山東諸城。同治七年廣東學海堂有摹刻本，陳澧記。

泰山刻石　李斯篆書，二世元年。此石僅二十九字，舊置碧霞元君廟，乾隆五年燬于火。嚴可均據拓本雙鉤上石，勒德州高貞碑陰。

嶧山刻石　李斯篆書，二世元年。唐徐鉉摹本，山東鄒縣重摹。

會稽刻石　李篆篆書，二世元年。元申屠駉摹本，浙江會稽重摹。

漢

趙王羣臣上壽刻石　篆書，趙二十二年八月，大興劉位坦考爲西漢文帝後元六年，趙之謙云此漢祖刻。

魯孝王刻石　隸書，五鳳二年六月，山東曲阜孔廟，金明昌二年出土。

五鳳盤銘　隸書，五鳳二年，四川成都出土，有黄雲鵠跋。筆法稚弱，疑僞刻。

琅玡太守朱博殘碑　八分書，光緒元年，山東東武出土。無年月，膠州匡源考爲河平間立。

祝其卿墳壇刻石　篆書，居攝二年三月，山東曲阜。

上谷府卿墳壇刻石　篆書，居攝二年三月，山東曲阜。

孟孝琚碑　八分書，雲南昭通。光緒二十七年出土。無年月，首行有「丙申」字。善化黄膺考爲建武十二年。

漢中太守鄐君開褒斜道碑　八分書，永平九年，陝西褒城。

㐌心買山地莂　八分書，建初四年。

大吉買山地記　八分書，建初六年，浙江會稽。

武威西狄道石門題字　八分書，建初六年十月。

司徒袁安碑　篆書，永光四年，河南洛陽新出土。

兗州刺史雒陽令王稚子闕　八分書，元興元年，四川新都。

侍御史河内温令王稚子闕　八分書，元興元年，雍正間没於溝水中。

祀三公山碑　篆書，□初四年。翁氏《兩漢金石記》以爲元初四年，孫氏《京畿金石考》以爲永初四年。河北元氏。

官塹文　八分書，永初七年。原石已佚，何夢華摹刻於江西南昌縣學。

嵩山太室神道石闕銘　凡二段，前段八分書，後段篆書，元初五年四月，河南登封。

嵩山少室神道石闕銘　篆書，延光二年三月，河南登封。

嵩山開母廟石闕銘　篆書，延光二年，河南登封。

永建五年刻石　八分書，山東濟寧州學，日照許瀚跋。

敦煌太守裴岑紀功碑　隸書，永和二年八月，甘肅巴里坤。

沙南侯碑　八分書，永和五年六月，新疆宜禾縣。

逍遥山會仙友題字　八分書，漢安元年四月，四川簡州。

益州太守北海相景君碑　八分書，漢安二年八月，山東濟寧。

景君碑陰　八分書。

三公山神碑　八分書，光和四年四月。洪氏《隸釋》有，《兩漢金石記》無。河北元氏。

三公山神碑陰　八分書。

敦煌太守武斑碑　八分書，建和元年二月，山東嘉祥。

武氏石闕銘　八分書，建和元年三月，山東嘉祥。

司隸校尉楊孟文石門頌　八分書，建和二年十二月，陝西褒城。

魯相乙瑛置孔廟百石卒史碑　八分書，永興元年六月，山東曲阜。

益州刺史李孟初神祠碑　八分書，永興二年六月，河南南陽。

孔謙碣　八分書，永興二年七月，山東曲阜。

孔群墓碑　八分書，永壽元年，山東曲阜。

魯相韓勑造孔廟禮器碑　八分書，永壽二年，山東曲阜。

禮器碑陰　八分書。

禮器碑兩側　八分書。

劉平國殘碑　八分書，永壽四年，疑後人贋作。

郎中鄭固碑　八分書，延熹元年四月，有額并殘石，山東濟寧。

孝子劉迪墓碣　八分書，延熹三年。

倉頡廟碑　八分書，延熹五年，陝西白水。

倉頡廟碑陰　八分書。

倉頡廟碑兩側　八分書。

桐柏淮源廟碑　八分書，延熹六年正月，元至正四年吴炳重書，河南桐柏。

後漢人封父墓刻石　八分書，延熹六年，舊在山東嶧縣曹馬莊。

封龍山頌　八分書，延熹七年，河北元氏。

泰山都尉孔宙碑　八分書，延熹七年七月，曲阜孔廟。

孔宙碑陰　八分書。

西嶽華山廟碑　八分書，延熹八年四月。原石已佚，商丘宋牧仲藏有原拓本，今據影印。

魯相史晨饗孔廟碑　八分書，建寧元年四月，山東曲阜。

竹邑侯相張壽碑　八分書，建寧元年五月，山東城武。

衛尉卿衡方碑　八分書，建寧元年九月，山東汶上。

衡方碑陰　八分書。

史晨奏祀孔子廟碑　八分書，建寧二年三月，山東曲阜。

淳于長夏承碑　八分書，建寧三年六月，河北永平。明嘉靖中燬，知府唐曜重摹。

武都太守李翕西狹頌　八分書，建寧四年六月，甘肅成縣。

李翕澠池五瑞碑　八分書，建寧四年六月，甘肅成縣。

博陵太守孔彪碑　八分書，建寧四年七月，山東曲阜。

孔彪碑陰　八分書。

沇州刺史楊叔恭殘碑　八分書建寧四年，山東鉅野，今在魚臺馬氏。

楊叔恭殘碑陰　八分書。

楊叔恭殘碑側　八分書。

李翕析里橋郙閣頌　八分書，建寧五年二月，陝西略陽。

執金吾武榮碑　八分書，無年月，孫星衍謂當在建寧時。山東濟寧。

司隸校尉楊淮表記　八分書，熹平二年二月，陝西褒城。

司隸校尉魯峻碑　八分書，熹平二年四月，山東濟寧。

魯峻碑陰　八分書。

熹平斷碑　八分書，凡七十三字，熹平二年十一月，山東曲阜。黄小松訪得，有阮元跋。

韓勑碑陰項伯修題名　八分書，熹平三年，山東曲阜。

武都太守耿勳碑　八分書，熹平三年四月，甘肅成縣。

石經殘字　八分書，熹平四年。石已佚，據黄易藏舊拓本摹刻於武昌存古學堂，有翁方綱、畢沅、阮元諸人跋。

石經論語尚書毛詩儀禮殘字　八分書，熹平四年三月。碑已佚，翁方綱摹刻於江西南昌府學。

聞憙長韓仁銘　八分書，熹平四年十一月，河南滎陽。

嵩高山請雨銘　八分書，熹平四年，河南登封。

熹平殘碑　八分書，熹平六年四月，凡二十八字。

豫州從事尹宙碑　八分書，熹平六年四月，河南鄢陵。

校官潘乾碑　八分書，光和四年十月，江蘇溧水。

無極山碑　八分書，光和四年，河北元氏。

白石神君碑　八分書，光和六年，河北元氏。

神君碑陰　八分書。

尉氏令鄭季宣碑八分書，中平三年四月，山東濟寧。

鄭季宣碑陰　八分書。

郃陽令曹全碑　八分書，中平二年十月，陝西郃陽。

曹全碑陰　八分書。

蕩陰令張遷碑　八分書，中平三年二月，山東東平。有額。

張遷碑陰　八分書。

趙相劉君墓門刻石　八分書，陽文，中平四年。

益州太守高頤碑　八分書，建安十四年，四川雅安。

高頤碑陰　八分書。

高頤東闕　八分書，無年月，四川雅安。

高頤西闕　八分書，無年月，四川雅安。

謁者北屯司馬沈君神道右闕　八分書，無年月，四川渠縣。

新豐令交趾都尉沈君神道左闕　八分書，無年月，四川渠縣。

豫州從事孔褒碑　八分書，無年月，山東曲阜。

魯相謁孔廟殘碑　八分書，無年月，山東曲阜。

魯相謁孔廟殘碑陰　八分書。

漢殘石柱　八分書，無年月，題故吏名氏。舊在冠軍城，嘉慶年間出土，有王紹羲跋。

中嶽廟前石人頂上刻字　八分書，無年月，河南登封。

魯王墓石人刻字　篆書。覃溪定爲東漢時刻。

貞女羅鳳墓石　八分書，無年月。原石已佚，何夢華摹刻於江西南昌府學。

廣都公乘伯喬殘題名　八分書，無年月。原石已佚，何夢華摹刻於江西南昌府學。

朱君長三字　八分書，無年月，山東濟寧。

武梁祠畫像　八分書，凡三石，無年月，山東嘉祥。

孔子見老子畫像　八分書，無年月，山東濟寧。

武氏祠石室祥瑞圖　八分書，無年月，山東嘉祥。原四石，乾隆時黄小松訪得，新出土一石，凡五石。

武氏祠前石室畫像　八分書，凡十五石，乾隆時黄小松訪得，有題字者十二石。

武氏祠後石室畫像　無題字，凡十石，亦黄小松訪得。

武氏祠左右室畫像　八分書，凡十石，有題字者一石。

長樂未央瓦　篆書，湖北潛江甘氏家藏。漢瓦當，文字俱無年月可考，故列入畫像後。

長生無極瓦　篆書，湖北潛江甘氏家藏。

與華無極瓦　篆書，湖北潛江甘氏家藏。

長生未央瓦　篆書，湖北潛江甘氏家藏。

與天無極瓦　篆書，湖北潛江甘氏家藏。

延年益壽瓦　篆書，江蘇嘉定錢氏家藏。

仁義自成瓦　篆書，江西建昌顧氏家藏。

萬物咸成瓦　篆書，北平端氏家藏。

長毋相忘瓦　篆書，北平端氏家藏。

千秋長安瓦　篆書，浙江海寧許氏家藏。

汝南周府君碑額　篆書六字，無年月。馮雲鵬定爲漢刻。曲阜孔昭薰有跋，趙之謙《補訪碑録》列入唐碑。

王君殘碑　八分書，無年月，山東濟寧。

漢殘石二種　一末行「勳列焕爾」云云，一「禪伯友」云云。

魏

公卿上尊號奏　八分書，黄初元年，河南臨潁。

受禪表　梁鵠，八分書，黄初元年十月，河南臨潁。

受禪碑陰　八分書。

魏封宗聖侯孔羨碑　八分書，黄初元年，山東曲阜。篆額六字，二行。後人題碑後曰「陳思王曹植詞，梁鵠書。」

膠東令王君廟門碑　八分書，黄初五年，山東濟寧。

郃陽殘碑　八分書，凡五石，黄初五年，陝西郃陽。

大將軍曹真殘碑　八分書，大興徐松考爲太和五年立，陝西長安。

曹真殘碑陰　八分書。

濟陰陳祚冢中記　八分書，刻磚上，河南許州。青龍二年造冢時記也，道光二十六年穿井得之。

廬江太守范式碑　八分書，青龍三年，山東濟寧。

范式碑陰　八分書。

魏正始三字石經尚書春秋左傳殘字　古、篆、隸三體，書凡六紙，正始三年，河南洛陽新出土。

東武侯王基碑八分書，景元二年四月，河南洛陽。有光緒八年杜夢麟跋，稱此碑上方未刻者前三行，每行一字，後每行二字，下方則每行各缺五字，與汪容父裁刻下方、上方尚未開鑿之説異。杜氏河南學官，親見此碑，當不謬也。

盪寇將軍李苞開閣道碑　八分書，景元四年十二月，陝西褒城。

蜀

黄牛廟碑　八分書，諸葛亮撰文，峽中黄牛廟。此碑張鵬翮收入《忠武誌》。字體不類漢分，頗疑後人贋作，曾呈譚復堂師審定，師亦疑其僞。

吴

九真太守谷朗碑 八分書，鳳皇元年四月，湖南耒陽。

禪國山碑 篆書，天璽元年，江蘇宜興。

天璽紀功碑 亦名天發神讖，字兼篆、隸，天璽元年八月。江蘇江寧縣學尊經閣。《吴録》以爲華覈文，黄長睿作皇象書，吴山夫謂不足信。

衡陽太守葛祚碑額 正書，無年月，江蘇句容城西梅家邊。

晉

辟雍頌 八分書，泰始四年，洛陽新出土。

辟雍碑陰 八分書。

明威將軍南鄉太守郛休碑 八分書，泰始六年二月，山東掖縣。

郛休碑陰 八分書。

任城太守夫人孫氏碑　八分書，泰始六年十二月，山東新泰。

潘宗伯等造橋格題字　八分書，泰始六年，陜西褒城。

太公吕望表　八分書，太康十年三月，河南汲縣。

吕望表碑陰碑側　八分書。

處士成晃墓志　八分書，元康元年七月。

中書侍郎荀岳墓志并陰　八分書，元康五年七月。

處士石定墓志　八分書。永嘉二年七月，洛陽出土，藏安徽建德周氏。

征東將軍軍司劉韜墓志　八分書，無年月，河南偃師。

振威將軍鬱林太守關内侯河内趙府君墓道碣　八分書，無年月，新出土。

振威將軍建寧太守爨寶子碑　八分書，太亨四年，趙之謙云太亨無四年。雲南南寧。

爨寶子碑陰　八分書。

好大王碑　隸書，在奉天輯安縣，將軍墓南里許，濱鴨緑江。光緒初年懷仁縣設治委員章樾發現，始有拓本。其刻石年月，鄭文焯謂刻於蜀建興十二年，陸心源謂刻於涼太元十六年，楊頤謂刻於晉義熙六年，羅振玉謂刻於晉義熙十年。案，羅説列舉三證，至爲精審可信也。

枳陽府君碑　正書，隆安三年。

前秦

鄧太尉祠碑　八分書，建元三年六月，陜西蒲城。

白石神君碑陰主簿程疵家題名　八分書，燕元璽三年，河北元氏。

宋

高句麗故城刻石　正書，己丑三月。趙之謙云己丑當宋元嘉二十六年。韓國平壤。

寧州刺史邛都縣侯爨龍顔碑　正書，爨道慶文，大明二年九月，雲南陸涼。

爨龍顔碑陰　正書。

齊北海二郡太守劉懷民墓銘　正書，大明八年二月。

齊

吴郡造維衛尊佛記　正書，永明六年，浙江會稽。

信佛弟子蕭衍造象題字　正書，永元二年，四川雲陽。

梁

鄱陽王益州軍府人題記　正書，天監十二年，四川雲陽。

石井欄題字　正書，天監十五年，江蘇句容。

安成康王蕭秀墓碑　正書，文漫漶，惟額存，江蘇上元。

蕭秀碑陰　正書。

許善題名　正書，大通二年，四川綿州。

新巴晉源三郡太守程虔墓志　正書，己巳二月。按，己巳爲梁武帝太清三年。

始興忠武王蕭憺碑　徐勉撰，貝義淵正書，年月剥蝕，江蘇上元。有額有陰。

吴平忠侯蕭景神道二闕 正書反刻，無年月，江蘇上元。

焦山瘞鶴銘 華陽真逸撰，正書，江蘇丹徒。

侍中大將軍臨川靖惠王蕭宏神道二闕 正書，其一左行，江南上元。

陳

新羅真興大王巡狩管境碑 正書，戊子八月，陳光大二年也，舊在韓國黄草嶺，近移置中嶺鎮。

趙和造象記 正書，永定三年。

後魏

南郡吴弘造佛象 八分書，刻佛座，神瑞五年四月。按，神瑞爲魏明帝年號，其元年當晉義熙十年，但考史，神瑞有二年，無五年。今藏北平端氏。

鞏伏龍造象 正書，大魏國元年即太武延和元年，河北真定。趙之謙疑爲僞作。

定州中山趙珝造象 正書，皇興二年。

中岳嵩高靈廟碑　寇謙之撰，正書，太安二年，河南登封。兩份，篆額陽文。

嵩高靈廟碑陰　正書。

郭巨石室王太明題名　正書，太和二年，山東肥城。

孫秋生等二百人造象記　孟廣達撰，蕭顯慶正書，太和七年，河南洛陽。

尉遲造象　正書，太和九年，河南洛陽。

宕昌公暉福寺碑　并陰，正書，太和十二年，陜西澄城。

洛州刺史始平公造象記　孟達撰，朱義章正書，太和十二年，河南洛陽。

郭巨石室廣陵王子元題名　八分書，太和十三年，山東肥城。

孝文帝弔比干墓文　正書，太和十八年，河南汲縣。三份。

比干墓碑陰　正書。

司空公長樂王邱穆陵亮夫人尉遲爲牛橛造象　正書，太和十九年，河南洛陽。

一弗造象　正書，太和二十年，河南洛陽。

步轝郎張元祖造象　正書，太和二十年，河南洛陽。

北海王元詳造象　正書，太和二十二年，河南洛陽。

高慧造象　正書，太和二十二年，河南洛陽。

元景造象　正書，太和二十二年，奉天義州萬佛堂。

韓顯宗墓志　正書，太和二十三年十二月，今藏江蘇寶應朱氏。

司馬解伯達造彌勒象銘　正書，太和間，河南洛陽。

楊大眼爲孝文帝造象　正書，無年月。錢竹汀云當在宣武初年。河南洛陽。

魏靈藏薛法紹造象記　正書，無年月，河南洛陽。

鄭長猷造象　八分書，景明二年，河南洛陽。

那龍姬造象　正書，無年月，附鄭長猷上列，河南洛陽。

郭巨石室畫像題字　正書，景明二年，山東肥城。

永愛姜等造象　正書，景明三年六月，河南洛陽。

比丘惠感造象　正書，景明三年，河南洛陽。

賀蘭汗造象　正書，景明三年，河南洛陽。

韓貞呂安辰等造象　正書，景明三年三月，奉天義州萬佛堂。

高樹解伯都等三十二人造象記　正書，景明三年五月，河南洛陽。

廣川王祖母太妃侯爲亡夫造象　正書，景明三年，河南洛陽。

廣川王祖母太妃侯造象　正書，景明四年，河南洛陽。

獻文帝嬪侯夫人墓志　正書，景明四年三月，洛陽出土，今藏上虞羅氏。

馬振拜等造象碑　正書，景明四年八月，河南洛陽。

汾州刺史于暉墓志　正書，景明四年九月。

比丘法生造象記　正書，景明四年，河南洛陽。

魏霍揚碑　正書，景明五年，山西臨晉。此碑未見著録，近爲臨晉知事俞涵青搜得。

尼惠澄造象　正書，正始元年，河南洛陽。

清信女高思玥造象〔二〕　正書，正始元年。

城陽懷王元鸞墓志　正書，正始二年十一月，洛陽出土，今藏天津徐氏。

郢州刺史寇臻墓志　正書，正始三年三月，今藏雲南騰衝李氏。

〔二〕據《漢魏六朝碑刻校注》，此字爲「𤣸」字之俗字。毛明遠《漢魏六朝碑刻校注》，第四册，第三六頁。綫裝書局，二〇〇八年。

宫内作大監甞法端生資造象　正書，正始三年三月，河南洛陽。

平乾虎造象　正書，正始四年，河南洛陽。

魏安定王元爕造象　正書，正始四年二月，河南洛陽。

古井銘　正書，正始四年三月。

城陽康王元壽妃墓志　正書，正始四年八月，洛陽出土。

洛州刺史樂安王元緒墓志　正書，正始四年十月。

光州刺史高慶碑　正書，有額，正始五年。字體與高貞碑同。

江陽王次妃石夫人墓志　正書，永平元年十一月，洛陽出土，今藏常熟曾氏。

泰山羊祉開復石門銘　魏王遠撰，正書，永平二年正月，陝西褒城。

石門題字　正書，計七行，無年月，陝西褒城。

寧陵公主墓志　正書，永平三年正月，河南洛陽出土。

慧敢王方等造象　正書，永平三年，河南洛陽。

比丘尼惠智造釋迦象　正書，永平三年，河南洛陽。

寧朔將軍司馬紹墓志　正書，永平四年十月，河南孟縣。有複刻本。

司馬元興墓志　正書，永平四年。

華州刺史安定王爕造象碑　正書，永平四年十月，河南洛陽。

益州刺史樂安王元悦墓志　正書，永平辛卯十一月。按，辛卯爲永平四年。

仳和寺造彌勒象　行書，永平四年，河南洛陽。

兗州刺史鄭羲上碑　正書，永平四年，山東掖縣雲峰山。

兗州刺史鄭羲下碑　正書，永平四年，山東掖縣。

鄭道昭論經書詩　正書，永平四年，山東掖縣。

鄭道昭登雲峰山觀海詩　正書，無年月。《金石録》云永平四年。山東掖縣。

雲峰山鄭道昭題字五種　正書，無年月，山東掖縣。

鄭道昭詠飛仙室詩　正書，無年月，山東掖縣。

天柱山東堪石室銘　魏鄭道昭撰，正書，無年月，山東平度。

天柱山題字二種　鄭道昭正書，無年月，山東平度。

大基山頂仙壇鄭道昭題字八種　正書，無年月，山東掖縣。《仙壇銘告》：一北山門題字，一南山門題字，一羡門子駕□栖昆崙之山〔一〕，一赤松子駕月栖玄圃之山，一安期子駕龍栖蓬萊之山，一王子晉駕鳳栖太室之山，一浮丘子駕鶴栖丹崖之山。

大基山鄭道昭題字七種 正書。一「歲在壬辰建」，一「中岳先生滎陽鄭道昭中明之壇也」，一「中岳先生白雲之堂也」，一「中岳先生朱陽之臺也」，一「中岳先生玄靈之宫也」，一「中岳先生青煙之寺也」，一「其居所號曰白雲鄉青煙里也」。山東掖縣。

大基山詩 鄭道昭撰，正書，無年月，山東掖縣。

雲峰山殘石五種 字泐，無年月，山東掖縣。

冀州刺史安樂王元詮墓志 正書，永平五年三月，河南河陰出土，今藏廣東陳氏。

王忠合造象 正書，延昌元年三月。

北海王妃李氏元姜墓志 正書，延昌元年八月，洛陽出土，今藏天津徐氏。

衡州刺史嚴震墓志 正書，延昌二年二月，今藏雲南騰衝李氏。或云僞刻。

處士元顯儁墓志 正書，延昌二年二月，洛陽出土，今藏北平歷史博物館。

〔一〕據《雲峰刻石調查與研究》，此處闕文當爲「日」字。王思禮、焦德森等《雲峰刻石調查與研究》，一九九二年，第二四頁。

左中郎將元飉妻王夫人墓志　正書，延昌二年十二月，洛陽出土，今藏日本大倉氏。

岐涇二州刺史元質墓志　正書，延昌三年六月，洛陽出土。或云僞刻。

揚州長史司馬景和妻孟氏墓志　正書，延昌三年，河南孟縣。

文成帝嬪耿氏墓志　正書，延昌三年七月，河南洛陽出土，今藏上虞羅氏。

皇甫驎墓志　正書，延昌四年四月，陝西鄠縣出土，今藏天津金氏。

徐州刺史王紹墓志　正書，延昌四年閏十月，河南洛陽出土，今藏吴縣蔣氏。

豫州刺史元彦墓志　正書，熙平元年十一月，今藏紹興張氏。有複刻本。

陽平王母太妃惠氏墓志　正書，熙平元年十一月，洛陽出土，陝西華陰出土。

涇州刺史齊郡王祐造象記　正書，熙平二年七月，河南洛陽。

散騎常侍王誦妻元氏志銘　正書，熙平二年八月，洛陽出土，今藏武進陶氏。

雒州刺史刁遵墓志銘　正書，熙平二年十月，今藏河北南皮張氏。

刁遵碑陰　正書。

張法壽捨宅爲寺記　正書，熙平二年。

龍驤將軍崔敬邕墓志　正書，熙平二年十一月，原在河北安平，今佚。有複刻本。

龍門老君洞銘　正書，熙平二年，河南洛陽。

慧遷等廿三人造釋迦象記　正書，神龜元年六月，河南洛陽。《訪碑録》「慧」誤「杜」，「三」誤「二」。

趙阿歡造彌勒象　正書，神龜二年二月。

寇憑墓志　正書，神龜二年二月，河北磁縣出土。

汝南太守寇演墓志　正書，神龜二年二月，河北磁縣出土，今藏雲南騰衝李氏。

兗州刺史賈思伯碑　正書，神龜二年六月，山東滋陽。

賈思伯碑陰　正書。

青州刺史殘碑　正書，神龜二年，今藏北平端氏。

征北大將軍元遥妻梁氏墓志　正書，神龜二年八月。

比丘尼慈香慧政造象記　正書，神龜三年三月，河南洛陽。

恒州刺史元譿墓志　正書，神龜三年十一月，河南洛陽出土。

濟青相涼朔恆六州刺史高植墓志　正書，神龜三年十一月，山東德州，今藏德縣田氏。

邑師惠感等造彌勒象記　正書，神龜三年，河南洛陽。

平州刺史司馬昞墓志　正書，正光元年七月，河南孟縣。

宣武帝貴嬪司馬氏顯姿墓志　正書，正光二年二月，河南洛陽出土，今藏陽湖董氏。

叔孫協墓志銘　正書，正光二年。

女尚書王僧男墓志　正書，正光二年九月，河南洛陽出土，今藏紹興顧氏。

清信女比丘尼十六人造象　正書，正光二年，河南洛陽。

高植墓志　正書，正光二年十一月，山東德縣出土，今藏德縣田氏。

宫内司楊氏墓志　正書，正光二年十一月，洛陽出土，今藏陝西三原于氏。

王仲和造象　正書，正光三年，河南洛陽。

魯郡太守張猛龍碑　正書，正光三年正月，山東曲阜。

張猛龍碑陰　正書。

張潤造象記　正書，正光三年。

大統寺比丘慧榮造象　正書，正光三年，河南洛陽。

吴方墓志　正書，正光三年。

燉煌鎮將元倪墓志　正書，正光四年二月，河南洛陽出土，今藏常熟曾氏。

馬鳴寺根法師碑　正書，正光四年，河南洛陽。

驪驤將軍懿侯高貞碑　正書，正光四年，山東德州。

涇州刺史陸希道墓志　正書，年月泐。武虚谷考爲正光四年。河南孟縣，今藏孟縣金石保存所。

鞠彦雲墓志　正書，正光四年十一月，山東黄縣出土，今藏黄縣公署。有複刻本。

元引墓志　正書，正光四年二月，洛陽出土，今藏陝西三原于氏。

安南將軍冀州刺史元子直墓志　正書，正光五年四月，洛陽出土，今藏陝西三原于氏。

岐陽公康健葬銘　正書，正光五年六月。

蘭倉令孫遼浮圖銘記　正書，正光五年七月，洛陽出土，今藏山東黄縣丁氏。

彭城武宣王妃李媛華墓志　正書，正光五年八月，洛陽出土，今藏武進陶氏。

樂安王妃馮季華墓志　正書，正光五年十一月，洛陽出土，今藏河南安陽古物保存所。

定州刺史臨淮王墓志　正書，無年月。

胡仁等造象　正書，正光六年，河南洛陽。

懷令李超墓志　正書，正光六年正月，河南偃師學宫。

襄威將軍曹望憘造象　正書，正光六年三月，山東臨淄。

孝王寶月墓志　正書，孝昌元年。

橫野將軍吴安國墓志　正書，孝昌元年正月，石爲日本人購去。

狄道縣令吴瑱墓志　正書，孝昌元年二月，河南洛陽。或云僞刻。

東豫州刺史元顯魏墓志　正書，孝昌元年十月，河南洛陽出土，今藏洛陽金石保存所。

滎陽太守元寧造象　正書，孝昌二年正月，河南洛陽。

吴高黎墓志　正書，孝昌二年正月，河南洛陽出土，今藏貴州貴筑姚氏。

介休縣令李謀墓志　正書，孝昌二年二月。

青州齊郡僧達等四十人造象　正書，孝昌二年丙午。

青州刺史元熹墓志　正書，孝昌二年十月。

散騎常侍高廣墓志　正書，孝昌二年十月，洛陽出土，今藏武進陶氏。

恒州大中正于景墓志　正書，孝昌二年十一月，洛陽出土，今藏北平歷史博物館。

七兵尚書寇治墓志　正書，孝昌二年十一月，洛陽出土，今藏雲南騰衝李氏。

蘇屯墓志　正書，孝昌三年。

清信女宋景妃造釋迦象　正書，孝昌三年，河南洛陽。《訪碑録》「宋」作「朱」，就打本審定，似「宋」非「朱」。

岐州刺史于纂墓志　正書，孝昌三年五月，洛陽出土，今藏武進陶氏。

胡昭儀墓志　正書，孝昌三年五月，洛陽出土，今藏武進陶氏。

咸陽太守劉玉墓志　正書，孝昌三年十一月。原藏山東無棣吴氏，今石已燬于火。有複刻本。

雍州刺史元固墓志　正書，孝昌三年十一月，河南洛陽金石保存所。

沙門曇衮造象　正書，武泰元年，河南洛陽。

廣平王元悌墓志　正書，建義元年六月，洛陽出土，今藏江蘇武進陶氏。

李興造象　正書，建義元年七月。

司州牧元欽墓志　正書，永安元年十一月，洛陽出土，今藏武進陶氏。

元景略妻蘭夫人墓志　正書，永安元年十一月，洛陽出土，今藏上虞羅氏。

青州刺史元道明墓志　正書，永安二年三月，洛陽出土，今藏浙江寧波馬氏。

穆世略墓志　正書，永安二年。

開國公李長壽造象　正書，永安三年。《訪碑録》作二年，河南洛陽。

散騎侍郎元恩墓志　正書，永安二年十一月，洛陽出土。

高柳村比丘僧詳等造象　正書，永安三年八月，山東臨清。

定州刺史臨淮王元彧墓志　正書，無年月。或云當在永安三年。洛陽出土。

張神遠造象　正書，永安三年，山東臨淄。

石窟寺造象二種　正書，普泰元年四月，河南鞏縣。

法雲等造象　正書，普泰元年，河南洛陽。

法盛等造象　正書，普泰辛亥。按，辛亥即普泰元年。河南洛陽。

南陽張元墓志　正書，普泰元年十月，原石佚。有複刻本四，渾樸質拙，魏碑上乘也。原拓本藏湖南道州何氏。

比丘静度造象　正書，普泰二年，河南洛陽。考普泰，無二年。

南皮范國仁造彌勒象　正書，普泰二年四月。

路僧妙造釋迦象　正書，普泰二年，河南洛陽。

雍州刺史安豐王元延明墓志　正書，太昌元年七月，洛陽出土，今藏洛陽縣署。

林慮王元文墓志　正書，太昌元年十一月，洛陽出土，今藏吴興徐氏。

司州牧城陽王元徽墓志　正書，太昌元年十一月，洛陽出土，今藏武進陶氏。

河州刺史乞伏寶墓志　正書，永熙二年。

法義廿餘人造象　正書，永熙二年八月。

齊州刺史元鑽遠墓志　正書，永熙二年十一月，洛陽出土，今藏陽湖董氏。

孫姬造象銘二種 正書，永熙三年，河南洛陽。

郭静和題名 正書。

耿伏奴題名 正書。

雲峰山殘石五種 字泐，以上三種均在山東掖縣雲峰山，無年月，附魏末。

金剛般若經 正書，無年月。錢竹汀定爲北魏刻。闌魏末。

西魏

涇州刺史孟顯達碑 正書，大統元年。按，此碑字體與《蘇孝慈》相近〔一〕，乏渾穆之氣，不類北碑。細審之，乃知顯達之葬在隋開皇廿年，碑當刻於此時也。

石窟寺造象 正書，大統四年四月，河南鞏縣。

杜阿拔墓志 正書，大統十三八月，在山西榆次麓臺村。

杜照賢杜慧進等十三人造象記二種 一八分書，一正書，大統十三年十一月。

〔一〕《蘇孝慈墓志》，全稱《大隋使持節大將軍工兵二部尚書司農太府卿太子左右衛率右庶子洪吉江虔饒袁撫七州諸軍事洪州總管安平安公故蘇使君之墓誌銘》，刻於隋仁壽三年（公元六〇三年）。

杜文緯等造四面佛象四種 正書，無年月，碑題名杜姓最多，附杜照賢之次。

薛媚造象記 正書，大統十四年。

道顯造象二種 正書，大統十五年。

始平縣伯造象記 正書，大統十七年，山東諸城。

雝州刺史松滋公元萇振興温泉頌 正書，無年月，陝西臨潼。

寧遠將軍趙果造象碑 正書，無年月，河南洛陽。

東魏

比丘僧惠等造象 正書，天平元年四月。

信都縣令張瓘墓志 正書，天平元年十月。

代郡太守程哲碑 正書，天平元年。二份，體格似《爨龍顔》《靈廟》〔一〕。

〔一〕《爨龍顔碑》全稱《宋故龍驤將軍護鎮蠻校尉寧州刺史邛都縣侯爨使君之碑》，此碑刻於南朝宋代大明二年（西元四五八年），碑文由爨道慶撰寫。《嵩高靈廟碑》全稱《中嶽嵩高靈廟碑》，刻於北魏太安二年（四五六年）。

比丘洪寶造象　正書，天平二年，河南登封。

中岳嵩陽寺碑銘　八分書，天平二年四月，河南登封。二份。

嵩陽寺碑陰　正書。

僧受造象　正書，天平二年五月。

平南將軍元玕墓志　正書，天平二年七月，洛陽出土，今藏紹興張氏。

南秦州刺史司馬昇墓志　正書，天平二年十一月，河南孟縣出土，今藏山東諸城王氏。

待中録尚書事高盛碑　正書，篆額十六字，天平三年，河北磁州。

孔僧時造象　正書，天平三年正月。

驃驤將軍滄州刺史王僧墓志　正書，天平三年正月，河北滄州出土，今藏南皮張氏。

石窟寺造象四種　正書，天平三年，三月一種、四月二種、五月一種，河南鞏縣。

邑主袁□及僧成已造象　正書，天平三年四月。

兖州刺史張滿墓志　正書，天平四年十一月，河北磁縣出土。今藏奉天圖書館。

華山五妃公孫氏墓志　正書，天平四年，河北磁縣出土，今藏奉天圖書館。

龍洞王叔照造彌勒象題字　正書，天平四年，山東歷城。

惠相造象 正書，天平四年，河南洛陽。

郭肫等造象 正書，無年月。

趙法祚等造象 正書，元象元年四月。

定州刺史李憲墓志 正書，元象元年十二月，河北趙縣出土，今藏趙縣署。

凝禪寺三級浮圖碑頌 正書，元象二年二月，河北元氏。

三級浮圖碑陰 正書。

三級浮圖碑兩側 正書。

魏侍中黄鉞太尉録尚書事孝宣高公碑 正書，年月泐，名字亦泐。按，《魏書》卷三十三有《高翻傳》，字飛雀，贈謚官階與碑合，疑高公即翻也。

伏波將軍姚敬遵造象 正書，元象二年三月，山東歷城。

齊州刺史高湛墓志 正書，元象二年十月，山東德州出土。有複刻本。

敬使君顯儁碑 正書，興和二年，河南長葛。

敬顯儁碑陰 正書。

太尉公劉懿墓志 正書，興和二年正月，河南安陽出土，今藏山西忻縣焦氏。有複刻本。

徂徠山大雲寺胡元方等造象記　正書，四面，興和二年，山東泰安。

清信女趙勝習仵二人造象　正書，興和二年九月，山東歷城。

冀州刺史華山王孔雀墓志銘　秘書監常景撰，正書，興和三年。

渤海太守張府君碑　王長儒正書，興和三年三月，河北靈壽。

僧道山造象　正書，興和三年四月，河北正定。

李仲璇修孔廟碑　正書，興和三年十二月，山東曲阜。二份。

修孔廟碑陰　正書。

修孔廟碑側　正書。

李氏合邑造象碑頌　正書，興和四年十月。

邑義九十人造象　正書，武定元年，河南河内。

王安墓志　正書，武定元年八月。

渤海太守王偃墓志　正書，武定元年十月。

魏兗州刺史叔孫固墓志　正書，武定二年，山西臨晉新出土。

魏廣陽王妃墓志銘　正書，武定二年。

元均墓志　八分書，武定二年八月。

定州刺史廣陽王元湛墓志并蓋　正書，蓋篆書，武定二年八月。

淮南王元顯墓志　序正書，銘八分書，武定二年八月。

伏波將軍侯海墓志　正書，武定二年十月。

王雙虎等造觀音石象記　正書，武定二年十二月，山東東阿。

齊郡太守劉世明造象記　正書，武定二年十二月，山東益都。

王氏女張恭敬造象　正書，武定三年九月，河北真定。

劉明感造象　正書，武定三年，浙江海寧。

號鄐之墓志　正書，武定五年二月，河南陽武。按，此志姓名均泐。

王法現造象記　正書，武定五年七月。

王惠略等五十人造靈塔記　正書，武定五年七月。

安豐王妃馮氏墓志　八分書，武定六年十月，河南安陽出土，今藏安陽古物保存所。

石塔記　正書，武定六年。

邑主造石象碑　正書，武定六年九月，河南偃師。

武定六年石刻　正書，字泐，山東掖縣雲峯山。

武德于府君義橋石象碑　正書，武定七年四月，河南河内。

石象碑陰碑側　正書。

道瓆造象記　正書，武定七年。

張保洛等造象記　正書，武定七年十二月。

吕安勝等造象記　正書，武定八年，有碑陰。

杜文雍等十四人造象碑頌　正書，武定八年二月。

釗臺顯造象　正書，武定八年二月。

蕭正表墓志　正書，武定八年二月，河北磁縣出土，今藏奉天圖書館。

修太公廟碑　穆子容撰，正書，武定八年四月，河南汲縣。

修太公廟碑陰　正書。

太原太守穆子巖墓志　正書，武定八年五月，河南安陽出土，今藏安陽古物保存所。有複刻本。

杜照賢等造象　八分書，無年月。

北海王國太妃爲孫保造象　正書，無年月，河南洛陽。

韓曳雲造象　正書，無年月，河南洛陽。

魏桃樹造象　正書，無年月。

李敬等題名　正書，無年月。

比丘慧敢等造象題名　正書，無年月。

法勝造象　正書，無年月，河南洛陽。

龍門山心經　正書，無年月，河南洛陽。

横野將軍吴安造象　正書，無年月，河南洛陽。

強弩將軍掖庭令趙振造象　正書，無年月，河南洛陽。

王永安造象　正書，無年月，河南洛陽。

平乾虎造象　正書，無年月，河南洛陽。

比丘道匠造象　正書，無年月，河南洛陽。

郭巨石室杲安孫叔林題名　八分書，無年月，山東肥城。

昌黎孫胡仁題名　八分書，無年月，山東肥城。

河間中水縣軍史尹□□題名　八分書，無年月，山東肥城。

甘延景題名　八分書，無年月，山東肥城。

大涅槃經偈　正書，無年月，山東歷城。

薛光熾造象　正書，無年月。

北齊

傳法殘碑　正書，天保元年。法師名沕，碑首有「傳法」二字，姑題之。

張龍伯造象　正書，天保元年十月。

石窟寺造象　正書，天保二年，河南鞏縣。凡五種：一二月、一三月、一四月、二六月。

惠鳳造象　正書，天保二年四月。

比丘惠育造象　正書，天保二年四月。

比丘法訓造象　正書，天保二年四月。

清河□□造象　正書，天保二年。

佛弟子□國子造象　正書，天保二年六月。

李奴造象　正書，天保二年六月。

石刻佛經　八分書，天保二年，山西陽曲。

相國寺碑　正書，天保三年，山西汾陽。

牛景悦造象記　正書，天保三年，山西武襄。

齊相里叔悦碑　正書，天保三年，山西。

開府參軍事崔頠墓志　正書，天保四年二月，山東益都。

比丘僧曇隆等四十人造象　正書，天保五年二月。

張景暉造象記　正書，天保五年七月，山東益都。

清河王高岳造西門豹祠碑　八分書，天保五年，河南安陽。

西門豹祠碑陰　正書。

李清造象記　正書，天保六年，山西平定。

大司馬竇公夫人婁黑女墓志　八分書，天保六年二月。

齊天保殘碑　八分書。石特漫漶，惟末行「天保乙亥八月」等字尚可辨識，乙亥蓋天保六年也。

豫州刺史劉□碑　正書，天保八年，河南登封。

趙郡王高叡修定國寺記　正書，天保八年四月，河北靈壽。

趙郡王高叡碑　正書，天保八年，河北靈壽。字方一寸，有額。茂密渾樸，永興所祖〔一〕。

銅雀臺石罍門銘　正書，天保八年，河南安陽。

静明勸化邑義垣周等造象　正書，天保八年，河南登封。

石窟寺造象　正書，天保九年六月，河南鞏縣。

郭巨石室荏平劉貴等題名　正書，天保九年，山東肥城。

鄭述祖夫子廟碑　八分書，乾明元年，山東曲阜。

雲泉寺經幢　正書，乾明元年，河南安陽。

華嚴經偈讚　八分書，乾明元年，河南安陽。

鄉老舉孝義雋敬碑　正書，皇建元年十二月，山東泗水。

雋敬碑陰　正書。

維摩經碑　正書，皇建元年，山東泗水。

〔一〕虞世南封永興縣公，故稱「虞永興」。

維摩經碑陰　正書。

是連公妻邢阿光墓志　正書，皇建二年十一月，河北磁縣出土，今藏奉天圖書館。

成貴珍造石浮圖記　正書，皇建二年正月，河北正定。

雲門寺法懃禪師塔銘　正書，太寧二年正月，山東益都。

龍道果造象記　正書，太寧二年，山東益都。

張醜仁等造釋迦石象讚　正書，太寧二年，山西汾陽。

李□妻崔宣華墓志　八分書，河清元年十一月，洛陽出土，今藏陝西三原于氏。

甘泉寺卜道權等造象記　正書，河清二年，山東鉅野。

法湛造象　正書，河清三年二月。

甲申年石刻　正書，山東掖縣雲峯山。按，甲申爲齊河清三年。

石窟寺造象　正書，河清三年四月，河南鞏縣。

兗州刺史鄭述祖碑　八分書，河清三年，山東掖縣。

重登雲峰山記　鄭述祖撰，八分書，河清三年五月，山東掖縣。

梁伽耶墓志　八分書，河清四年二月，河北磁縣出土，今藏奉天圖書館。

惠顒等廿人造盧舍那象　正書，河清四年三月。

石佛寺佛經碑　八分書，河清□年，山東鉅野。有碑側，正書。

天柱山銘　鄭述祖撰，八分書，天統元年五月，山東平度。

鄭述祖題雲居館石刻　八分書，天統元年九月，山東掖縣。

雲居館鄭述祖題名　正書，天統元年，山東掖縣。

房元陁墓志　天統元年十一月，山東益都出土，今藏黄縣丁氏。體兼篆、隸，有複刻本。

高肱墓志　八分書，天統二年二月，今藏北平端氏。

宋買等造象記　正書，天統三年，河南偃師。

朱道威等造丈八大象頌　正書，天統三年五月，河南許州。

造象碑陰　正書。

天宫寺姚景等卌人造象　正書，天統三年十月。

商義興等造盧舍那象　正書，天統四年。

郭鐵造象　正書，天統四年十二月。

二百人造象碑　正書，天統五年，山西長子。

隴東王感孝頌　申嗣邕撰，梁恭之八分書，武平元年，山東肥城。

徂徠山佛號摩崖　八分書，武平元年，山東泰安。

映佛巖佛經摩崖　八分書，武平元年，山東泰安。

徂徠山大般若經　八分書，梁父令王子椿造，武平元年，山東泰安。

孟阿妃造象　八分書，武平元年七月。

馮暉賓等造象銘　正書，武平元年正月，河南登封。

鐵塔寺薛匡生造象記　正書，武平二年，山東濟寧。

朱岱林墓志　子敬修撰序，姪敬範撰銘。正書，武平二年，山東壽光出土，今藏壽光學宫。

中堅將軍劉忻墓志　正書，武平二年五月，山東益都出土，今藏北平端氏。

武城胡后造觀音石象銘　八分書，武平二年十一月，河南臨漳。

伏波將軍石永興等造象記　正書，武平二年，河南登封。

馮翊王高潤造平等寺碑　八分書，武平二年，河南偃師。

平等寺碑陰　畫象，無字。

徐之才墓志　正書，武平三年，河北磁縣出土，今藏奉天圖書館。

青州刺史臨淮王象碑　八分書，武平四年六月，山東益都。

蘭陵武王高長恭碑　八分書，篆額十六字，年月泐。按，長恭《北齊書》有《傳》，以功爲後主所忌，武平四年飲鴆死，碑當立於是年也。

功曹李琮墓志　正書，武平五年正月，河北元氏出土，今藏元氏縣金石保存所。

法行寺造象記　正書，武平六年四月，河南汝州。

尖山磨崖十種　八分書，武平六年，山東鄒縣。

比丘尼惠遠造盧舍那象記　正書，武平六年。

武進遠造象記　正書，武平七年。

楊安都等造象記　正書，武平七年四月，河南偃師。

石柱頌　正書，河北定興，彭培之所貽，不全。

常岳等邑義百餘人造象　正書，無年月，山東蘭山。

北徐州興福寺造象碑　正書，年月泐，山東蘭山。

造象碑陰　正書。

造象碑兩側　正書。

常儼造象　正書，無年月，五份。

石經峪金剛經　八分書，無年月，山東泰安。

亞禄山宇文公碑　正書，無年月，山東掖縣。

水牛山文殊般若經碑　正書，無年月，山東寧陽。

水牛山佛經摩崖　八分書，無年月，山東寧陽。

涿鹿寺雷音洞佛經　正書，無年月，河北房山。劉濟《石經紀》言洞中石經刻自北齊，附齊末。

王遵和等造象　正書，無年月。

王歡敬等造象　正書，無年月。

比丘曇利等造象殘石　正書，無年月。

梁君銘記蓋　篆書，無年月。

後周

開國伯强獨樂爲文皇帝造象碑　正書，元年丁丑。按，丁丑爲明帝元年，以三年改號「武成」。四川簡州。

韋可敦造象　正書，武成元年九月。

王妙暉等造象銘　正書，武成二年二月，陝西咸陽。

皇甫景元等造千象碑　正書，武成二年四月，陝西長安。

造千象碑側　正書。

韓纂玉佛象銘　正書，保定二年，陝西長安。

聖母寺四面象銘　正書，保定四年九月，陝西蒲城。

開府賀屯公墓志　正書，保定四年，陝西三水。

少保豆盧恩碑　正書，天和元年，陝西咸陽。

華嶽廟碑　万紐于瑾撰，趙文淵八分書，天和二年十月，陝西華陰。

華嶽廟碑陰　八分書。

處士王通墓志　正書，天和二年十月，河北河間。

□□法師塔銘　正書，天和五年二月。

宇文康等造象記　正書，天和五年六月，陝西咸寧。

嚴迴達造象記　正書，天和五年十月，陝西長安。

譙郡太守曹恪碑　正書，天和五年，山西安邑。

小鐵山匡喆刻經頌　匡喆撰，正書，大象元年八月，山東鄒縣。

小鐵山摩崖佛經銘　□咸韜八分書，大象元年，山東鄒縣。

馬龜墓志　正書，兼篆書，大象二年十月，河南洛陽出土。

小鐵山摩崖殘字八種　八分書，無年月，山東鄒縣。

岡山刻經四種　正書，大象二年，山東鄒縣。

葛山摩崖二種　八分書，大象二年，山東鄒縣。

杜文英等造象　正書，大定二年。

大雲寺造象　正書，無年月。

司馬王亮等營造靈廟塔寺記　正書，無年月。

寧朔將軍孫洽等題名　八分書，無年月，山東鄒縣。

趙郡李巨教摩崖題字　八分書，無年月，山東鄒縣。

廣平郡太守光相周等造象記　正書，無年月。

宇文善等造象碑　正書，無年月，河南郟縣。

開化寺白玉石柱礎題名二種　正書，年月泐，嘉興沈濤考爲北周時刻，河北元氏。

光州刺史宇文公碑　正書，無年月，山東掖縣。

講經壇碑　正書，無年月，山東掖縣。

大覺寺碑額　篆書，無年月，河南洛陽。

功曹習□和等四面像碑　正書，無年月，河北行唐。

何周造釋迦觀世音二象　正書，無年月，在強獨樂爲文皇帝造象碑下列，四川簡州。

崇雅堂碑録卷之一終

崇雅堂碑録卷之二

潛江甘鵬雲耐公編

隋

大都邑主等五百造象石幢　正書，開皇元年十月，河南洛陽。

楊通墓志　正書，開皇二年四月。

張興和等造四面象銘　正書，開皇三年五月，山東歷城。

邑子六十人造四面象銘　正書，開皇三年五月，陝西三原。

邵咸墓志　正書，開皇三年八月，今藏山東無棣吴氏。

楊遵義造象銘　正書，開皇三年十二月，陝西涇陽。

滎陽鄭元伯造象　正書，開皇四年四月。

李惠猛妻楊静太造象　正書，開皇四年，山東益都。

合邑七十人造象　正書，開皇四年甲辰七月。

佛座記　王他奴正書，開皇四年九月，陝西長安。

夏樹造象　正書，開皇五年，山東益都。

太原郭重顯造大悲經幢記　正書，開皇五年。

淮安定公趙芬殘碑　正書，開皇五年，陝西長安。

浮圖頌　正書，開皇五年，文不全。

仲思那等造橋碑　八分書，開皇六年二月，山東鄒縣。

造橋碑側　正書。

韓祐墓志　八分書，開皇六年十一月，山西長子出土，今藏北平端氏。

龍藏寺碑　張公禮撰，正書，開皇六年十二月，河北正定。有額。

龍藏寺碑陰　正書。

龍藏寺碑側　正書。

王忻造象記　正書，開皇七年七月，陝西長安。

王子華題名　八分書，開皇七年，山東東平。

佛峪比丘尼静元等造象　正書，開皇七年九月。

袁子才造象記　正書，開皇八年，河北磁縣。

王輝兒造象　正書，開皇八年，河北磁縣。

冠軍將軍任顯墓志　八分書，開皇八年十一月，河南安陽出土，今藏安陽古物保存所。

寶山寺造諸佛象碑　八分書，開皇九年，河南安陽。

大住聖窟造象　正書，開皇九年。

聖窟偈言　正書，開皇九年。

隋殘石刻　正書，開皇九年。

千佛山李景崇造象　正書，開皇十年，山東歷城。

道政法師支提塔記　正書，開皇十年正月。

東宫右親衛元仁宗墓志　正書，開皇十年，陝西長安。

平西將軍王曜墓志　正書，開皇十年八月，河南安陽出土，今藏安陽古物保存所。

車騎祕書郎張景略墓志　八分書，開皇十一年正月，河南安陽出土，今藏安陽古物保存所。

南宫令宋君造象碑　八分書，開皇十一年六月，河北南宫。

宋君造象碑陰　正書。

宋君造象碑側　正書。

宋叔敬造象　正書，開皇十一年，山東歷城。

建安公構尼寺銘　八分書，開皇十一年六月，河北南宫。

開國公爾朱端墓志　并蓋，八分書、篆書，開皇十一年十一月，今藏新安張氏。

杜乾緒等造象記　正書，開皇十二年二月，河南葉縣。

開皇造彌陀象　正書，開皇十二年四月，河北磁縣。

梁龕銘記　正書，開皇十二年四月。

行唐邑龕觀世音普門品經　八分書，開皇十三年二月，河北曲陽。

陳思王曹子建廟碑　正書，開皇十三年，山東東阿。

惠雲法師墓志　正書，開皇十四年三月，陝西長安出土，今藏山東諸城劉氏。

周右光禄大夫鞏賓墓志　正書，開皇十五年十月，陝西武功出土，今藏北平端氏。

比丘尼脩梵石室銘　正書，開皇十五年，山東益都。

澧水石橋纍文碑　八分書，無年月。孫伯淵以爲開皇十六年。河北南和。

澧水石橋纍文碑陰　正書。

安喜公李使君碑　八分書，開皇十七年二月，陝西乾州。

美人董氏墓志　正書，開皇十七年十月，陝西長安出土，今藏江蘇上海徐氏。有複刻本。

白雲寺石幢　正書，開皇間刻，河南鞏縣。

雲門山造象十四種　正書，開皇間刻，山東益都。

海陵郡公賀若誼碑　正書，無年月，陝西興平。

劉多墓志　八分書，篆蓋，開皇廿年。

龍山公墓志　正書，開皇廿年十二月，咸豐九年夔州府修城，得之城下，四川奉節，今藏夔縣小學。

諸佛舍利寶塔銘　八分書，仁壽元年，陝西大荔。

魯司寇鄒國公孔宣文靈廟碑　八分書，仁壽元年，直隸完縣。

范陽郡正陽瑾墓志　正書，仁壽元年十一月，河北大興出土，今藏山東諸城王氏。

舍利感應王邵碑　正書，仁壽元年，河北房山。

鄧州舍利塔下銘　正書，仁壽二年四月，河南祥符。

河東郡首山栖巖道場舍利塔碑　賀德仁撰，正書，仁壽二年，河南閿鄉。

徐純墓志　正書，仁壽二年十一月，河南洛陽出土，今藏安徽建德周氏。

洪州刺史蘇孝慈墓志　正書，仁壽三年，陝西蒲城出土，今藏陝西長安某氏。

符盛墓志　八分書，篆蓋，仁壽四年。

涼州刺史李肅墓志　正書，大業元年十二月，山東平原出土。

鄭州刺史李淵爲子造象記　正書，大業二年正月，河南滎陽。

行軍長史劉珍墓志　八分書，大業二年九月，河北獻縣出土，今藏山東泰安趙氏。

滎澤令常醜奴墓志　正書，大業三年八月，陝西興平崇寧寺，今藏日本大倉氏。

張怦墓志　正書，大業三年十月，今藏北平端氏。

崔遲墓志　八分書，大業三年十一月，今藏河南安陽古物保存所。

鷹揚郎將梁羅墓志　杜曲正書，大業四年八月，陝西長安出土。

吴嚴墓志　八分書，大業四年十月，河北趙縣出土，今藏貴州貴筑黄氏。有複刻本。

南宫縣令雷明府石象碑　正書，大業五年，河北南宫。

董穆墓志　正書，大業六年十一月，今藏北平端氏。

吴隨墓志　八分書，大業六年十一月，今藏河南洛陽雷氏。

陳叔毅修孔子廟碑　仲孝俊撰，八分書，大業七年七月，山東曲阜。

左屯衛大將軍姚辯墓志　虞世南撰，歐陽詢正書，大業七年十月重摹刻本，陝西長安出土，原本藏浙江仁和趙氏。

劉德墓志　正書，大業八年。

張盈墓志　正書，大業九年三月，河南開封出土，今藏河南圖書館。有複刻本。

張君妻蕭夫人墓志　正書，大業九年三月，河南開封出土，今藏河南圖書館。

朝請大夫夷陵太守太僕卿元公墓志　正書，大業十一年八月，陝西長安出土，今藏北平大興惲氏。

太僕卿夫人姬氏墓志　正書，大業十一年八月，陝西長安出土，今藏北平大興惲氏。上二石均三斷，有複刻本。

當陽玉泉寺鐵鑊題字　八分書，大業十一年十一月，湖北當陽。

左禦衛府長史宋永貴墓志　正書，大業十二年十一月，陝西長安出土，今藏長安碑林。

石經山般若經碑　僧静琬正書，大業十二年，河北房山。

小西天洞藏舍利石函記　僧静琬正書，大業十二年，河北房山。

李靖獻西嶽書　行書，無年月，宋崇寧三年楊大中摹刻，山西潞城。又一本爲明成化時朱英摹刻，在陝西長安。

沐澗魏夫人祠碑 八分書，無年月，河南河内。

齊太公廟碑 正書，無年月，山西芮城。

宋君碑額 篆書，無年月。

殘石刻 八分書，無年月。

隋華塔碑 正書，下截闕年，月泐。

唐

女子蘇玉華墓志 歐陽詢正書，武德二年五月，陝西長安出土。或云僞刻。

黄葉和尚墓志 歐陽詢正書，武德三年九月，陝西長安出土。或云僞刻。

觀音寺碣 陸德明撰，正書，武德五年，河南汜水。

顔人墓志 正書，武德八年，河南洛陽出土，今藏北平歷史博物館。

宗聖觀碑 陳叔達撰銘，歐陽詢撰序并八分書，武德九年二月，陝西盩厔。

夫子廟堂碑 虞世南撰，正書，武德九年十二月，宋王彦超重刻，陝西長安。又一本爲元至元間摹刻，在山東城武。

隋皇甫誕碑　于志寧撰，歐陽詢正書，無年月。孫伯淵謂當在貞觀初。陝西長安。

等慈寺碑　顔師古撰，正書，無年月。《金石録》云貞觀二年。河南汜水，有額。

左光禄大夫屈突通墓志　正書，貞觀二年十一月，今藏新安張氏。

鄜州寶室寺鐘銘　拓本，正書，貞觀三年，陝西鄜州。

幽州昭仁寺碑　朱子奢撰，正書，貞觀四年十月，陝西長武。

蒲州河東縣令李徹墓志　正書，貞觀四年十一月，今藏新安張氏。

吴景達夫人劉氏墓志　正書，貞觀四年十一月，陝西長安出土，今藏北平端氏。

房彦謙碑　李百藥撰，歐陽詢八分書，篆額，貞觀五年三月，山東章丘。

房彦謙碑陰碑側　八分書，碑陰記彦謙歸葬恩禮儀物之盛，碑側列書撰人姓名及立石年月。

化度寺邕禪師舍利塔銘　李百藥撰，歐陽詢正書，貞觀五年十一月重摹本。

九成宫醴泉銘　魏徵撰，歐陽詢正書，貞觀六年四月，陝西麟遊。

大達法師行記　正書，弟子海雲集，貞觀六年八月，原在河南安陽寶山。

新喻縣丞胡儼墓志　正書，貞觀六年九月，今藏新安張氏。

汝南公主墓志　虞世南撰，行書，貞觀十年十一月，江蘇常熟出土。有複刻本。

裴鏡民碑　李百藥撰，殷仲容正書，貞觀十一年十月，山西聞喜。

虞恭公温彦博碑　岑文本撰，歐陽詢正書，貞觀十一年十月，陝西醴泉。

通事舍人長孫仁墓志　正書，貞觀十一年十月，今藏新安張氏。

睦州刺史張琮碑　于志寧撰，正書，無年月。孫伯淵以爲貞觀十三年，羅叔堅以爲貞觀十七年。陝西咸陽。

姜行本紀功碑　正書，貞觀十四年，甘肅巴里坤。

濮陽令于孝顯碑　正書，貞觀十四年十一月，陝西三原。

伊闕佛龕碑　岑文本撰，褚遂良正書，貞觀十五年十一月，河南洛陽。

劉夫人碑志　正書，貞觀十六年二月，今藏新安張氏。

段志元碑　正書，貞觀十六年，陝西醴泉。

繁昌縣令馬志道墓志　正書，貞觀十七年十二月，今藏新安張氏。

千佛巖僧明德造象記　正書，貞觀十八年，山東歷城。

處士王通墓志　正書，貞觀十八年十月，今藏新安張氏。

贈比干太師詔并祭文　薛純陀八分書，貞觀十九年二月，元延祐五年重刻，河南汲縣。碑陰有韓沖跋。

大雲法師碣　正書，貞觀十九年。

龍門山張世□造象 正書，貞觀二十年三月，河南洛陽。《訪碑録》作「張世相」，諦審之，不似「相」字。

龍門山韓文秬造石龕記 正書，貞觀二十年，河南洛陽。

楊士達墓志 正書，貞觀二十年七月，今藏新安張氏。

洪洞縣令孫伯悦灰身塔銘 正書，貞觀二十年十月，河南安陽寶山。

高士廉塋兆記 許敬宗撰，趙模正書，無年月。碑云「薨于貞觀二十一年正月」。羅叔堅云碑立于顯慶元年。

塋兆記碑側 正書。

晉祠銘 太宗御製并行書，貞觀二十一年七月，山西太原。又重摹本立於原碑之次。

晉祠碑陰 正書。

楊達墓志 正書，貞觀二十一年十二月，今藏新安張氏。

文安縣主墓志 虞世南正書，貞觀二十二年三月，陝西醴泉出土，今藏江蘇吴縣吴氏。

張行滿墓志 正書，貞觀二十二年四月，今藏河南圖書館。

國子祭酒孔穎達碑 于志寧撰，正書，貞觀二十二年，陝西醴泉。

關英墓志 正書，貞觀二十三年三月，洛陽出土，今藏河南圖書館。

蜀王師蓋文達碑 于志寧撰，正書，無年月。孫淵如云貞觀二十三年，羅叔堅謂當立於永徽二年。河北衡水。

蓋文達碑陰碑側　正書。

梁公房玄齡碑　褚遂良正書，無年月，陜西醴泉。

潁上蘭亭序殘石　褚遂良摹本，無年月，清同治潁上縣學宫井中淘出。

益州學館廟堂記　賀遂亮撰，顔有意正書，永徽元年二月，四川華陽。

益州學館廟堂碑陰　正書。

祁讓墓志　正書，永徽元年四月，今藏新安張氏。

芮國公豆盧寬碑　李義府撰，正書，永徽元年六月，陜西醴泉。

洛陽鄉望父老卅人造象記　淳于敬一撰，正書，永徽元年，河南洛陽。

左監門大將軍樊興碑　正書，永徽元年七月，陜西三原。興安陸人陪葬獻陵。

朱胤造象　正書，永徽元年七月。

慈潤寺大法珍法師灰身塔題字　正書，永徽元年十二月。

陳通造象　正書，永徽二年二月。

慈潤寺道雲法師灰身塔題字　正書，永徽二年四月。

張善同造象　正書，永徽三年三月。

王師亮造象 正書，永徽四年八月。

趙寧造象 正書，永徽四年九月。

三藏聖教序 太宗御撰，褚遂良正書，永徽四年十月，陝西長安。

三洞弟子造象 正書，永徽四年十一月。

段會合祔墓志 正書，永徽四年十一月，今藏河南圖書館。

三藏聖教序并記 高宗御撰，褚遂良正書，永徽四年十二月，陝西長安。

曾思歸造象 正書，永徽五年二月。

萬年宫銘 高宗御撰并行書，永徽五年五月，陝西麟遊。碑陰有諸臣題名。

大唐造象之碑 正書，永徽五年五月。

韓仲良碑 于志寧撰，王行滿正書，永徽六年三月，陝西富平。

李家岳造象 正書，永徽六年三月。

薛收碑 于志寧撰，正書，永徽六年八月，陝西醴泉。

比丘□□造象 正書，永徽六年十月。

陳僧受造象 正書，顯慶元年八月。

崔敦禮碑　于志寧撰，于立政正書，顯慶元年十月，陝西醴泉。

段秀墓志　正書，顯慶二年四月，今藏河南圖書館。

千佛崖齊州刺史劉元意造象記　正書，顯慶二年九月，山東歷城。

李信墓志　正書，顯慶二年十一月，今藏江蘇武進陶氏。

禮部尚書張允碑　李義府撰，正書，顯慶三年三月，陝西醴泉。

小師灰身塔記　正書，顯慶三年四月。

衛景武公李靖碑　許敬宗撰，王知敬正書，顯慶三年五月，陝西醴泉。

馬壽墓志　正書，顯慶三年九月，今藏北平端氏。

楊道綱墓志　正書，顯慶三年九日，今藏日本人倉氏。

王居士磚塔銘　上官靈芝撰，敬客正書，顯慶三年十月，陝西長安。

信法寺彌陀象碑　正書，顯慶三年，河北元氏。

尉遲敬德碑　許敬宗撰，正書，顯慶四年三月，陝西醴泉。

善興寺舍利塔記　正書，顯慶四年四月，河南安陽。

滏陽會福寺主造象　正書，顯慶四年。

武上希造象　正書，顯慶四年四月。

唐德感造象　正書，顯慶四年四月。

夏縣丞張弘墓志　正書，顯慶四年五月，今藏新安張氏。

劉師政造象　正書，顯慶四年七月。

李大娘造象　正書，顯慶四年七月。

劉弘義造象　正書，顯慶四年八月。

豆盧遜墓志　正書，顯慶四年八月，陝西咸寧出土。

紀功頌　高宗御製并行書，顯慶四年十月，河南汜水。

紀功碑陰　正書。

董明墓志　正書，顯慶四年十月，今藏河南圖書館。

蘭陵長公主碑　李義府撰，竇懷哲正書，顯慶四年十月，陝西醴泉。

路夫人墓志　正書，顯慶四年閏十月，河南洛陽出土。

程夫人塔銘　正書，顯慶四年，陝西長安出土。

王仁基造象　正書，顯慶五年正月。

趙玄慶造象　正書，顯慶五年正月。

僧善德造象　顯慶五年四月。

龍門山王行寳造象　正書，顯慶五年四月，河南洛陽。

龍門山楊君植造象　正書，顯慶五年七月。

平百濟碑　權懷素正書，碑殘，年月不見。孫淵如云當在顯慶五年。

殘碑陰　正書，無年月，有長孫無忌、蕭瑀、馬周、李勣等名。

張道造彌陀象　正書，顯慶□年七月。

洛州人楊□造象　正書，龍朔元年。

韓通碑　正書，龍朔元年，山西浮山。

李玄弈造象　正書，龍朔元年三月。

石窟寺造象　正書，龍朔元年四月，河南鞏縣。

張興墓志　正書，龍朔元年，陝西臨潼出土。

安静造象　正書，龍朔元年。

六祖墜腰石題字　八分書，龍朔元年，湖北黄梅。

張禮墓志　正書，龍朔二年六月，今藏河南圖書館。

劉媚兒造象　正書，龍朔二年七月。

張婆造象　正書，龍朔二年九月。

許洛仁碑　正書，龍朔二年十一月。陝西醴泉。

孫夫人宋氏墓志　正書，龍朔三年正月，今藏河南圖書館。

杜君綽碑　高正臣正書，龍朔三年二月，陝西醴泉。

忍辱波羅密經　正書，龍朔三年四月。

處士田君彦墓志　正書，龍朔三年五月，今藏新安張氏。

道因法師碑　李儼撰，歐陽通正書，龍朔三年十月，陝西長安。

李文墓志　正書，麟德元年二月，陝西商縣金塔寺。

王才及夫人毛氏墓志　正書，麟德元年三月，今藏山東諸城王氏。

越州都督于德芳碑　于志寧撰，蘇季子八分書，麟德元年四月，陝西三原。

張君賓造象　正書，麟德元年五月，河南洛陽。

馮士良造象　正書，麟德元年四月，河南洛陽。

陳貞□造象　正書，麟德元年七月，河南洛陽。

隋□士端墓志　正書，乾封元年。

趙宗墓志　正書，乾封元年四月，河南洛陽出土，今藏北平歷史博物館。

燕公于志寧碑　令狐德棻撰，子立政正書，乾封元年十一月，陝西三原。

贈太師孔宣公碑　崔行功撰，孫師範八分書，乾封元年，山東曲阜。

孔宣公碑陰　八分書。

紀國先妃陸氏碑　正書，乾封元年十二月，陝西醴泉。

張對墓志　正書，乾封二年正月，河南洛陽存古閣。

毛母造象　正書，乾封二年四月。

孟善應造象　正書，乾封二年四月，河南洛陽。

隋桂州總管令狐熙碑　子德棻撰，正書，乾封二年五月，陝西耀州。

楊智積墓志　正書，乾封二年八月，陝西商縣出土。

上柱國郭君殘碑　正書，乾封二年，山西汾陽。

劉貴寶造象　正書，乾封二年。

孟乾緒造彌陀象　正書，乾封三年。

石窟寺造象　正書，乾封三年。凡二種，一二月，一十一月。河南鞏縣。

石窟寺造象　正書，總章元年四月，河南鞏縣。

李光嗣造象　正書，總章元年四月。

信女陰造象　正書，總章元年，河南洛陽。

王无㝵造象　正書，總章元年，河南洛陽。

王尹農造象　正書，總章元年四月。

法藏南寺造象　正書，總章二年六月，河南洛陽。

姜義琮造象　正書，總章二年十月，河南洛陽。

道安禪師塔銘　正書，總章三年二月，陝西長安，今藏北平端氏。

左武衛大將軍李孝同碑　諸葛思楨正書，咸亨元年五月，陝西三原。

李義豐等造象銘　正書，咸亨元年十月，河南偃師。

隋騎都尉司馬興墓志　正書，咸亨元年十月，河南孟縣出土，今藏北平端氏。

碧落碑　李訓誼篆書，咸亨元年，山西絳州。

韓昱墓志　正書，咸亨二年三月，今藏浙江上虞羅氏。

大盧舍那象龕記　正書，咸亨三年。

張祖墓志　正書，咸亨三年二月，今藏北平端氏。

三藏聖教序記并心經　僧懷仁集王羲之行書，咸亨三年十二月，陝西長安。

龍門山僧惠簡造彌勒象　正書，咸亨四年十一月，河南洛陽。

龐懷德等造象　正書，咸亨五年五月。

大德寺碑　正書，上元元年秋，河南繩池。

馬周碑　許敬宗撰，殷仲容八分書，無年月。《金石録》云上元二年；孫伯淵云上元元年。陝西醴泉。

文林郎王君妻柏氏墓志　正書，上元元年八月，陝西長安出土，今藏陝西渭南趙氏。

無量壽佛經　正書，紀王造，上元元年十月。

王仁恪造象　正書，上元二年三月。

楊娘造象　正書，上元二年四月。

信女王婆造象　正書，上元三年三月。

攝山棲霞寺明徵君碑　高宗御製，高正臣行書，上元三年四月，江蘇上元。

左武衛兵曹參軍劉茂和墓志 正書，上元三年十一月，今藏新安張氏。

上柱國任恭碑 正書，上元三年十一月，山西汾陽。

光孝寺菩提樹髮塔記 僧法立撰，正書，儀鳳元年，明人重刻，廣東番禺。

修孔子廟詔表 高祖、高宗詔各一，祭文一，太子弘表一，八分書，儀鳳二年七月，山東曲阜。

蘇州長史崔元久造象 正書，儀鳳二年五月，河南洛陽。

李勣碑 高宗御制并行書，儀鳳二年十月，陝西醴泉。

陳外生造彌陀象 正書，儀鳳二年十月，河南洛陽。

劉寶妻范氏造藥師象 正書，儀鳳三年五月，河南洛陽。

棲霞寺講堂佛鐘經碑 朱懷隱撰，徐伯興八分書，儀鳳四年四月，山東魚臺。

王留墓志 正書，儀鳳四年五月，今藏河南洛陽存古閣。

處士王韜墓志 正書，儀鳳四年五月，今藏新安張氏。

高光復等造象 正書，儀鳳四年六月，河南洛陽。

令狐德棻碑 正書，書人不詳，年月泐，陝西耀州。

褚亮碑 八分書，無年月。《金石録》云高宗時立。陝西醴泉。

曹宫墓志　正書，調露元年十月，河南輝縣出土，今藏河汲縣王氏。

龍門山玄照造象　正書，調露二年七月，河南洛陽。《訪碑録》作「元昭」，誤。

胡處貞造象　正書，調露二年，河南洛陽。

胡貞普造象　正書，調露二年七月，河南洛陽。

李貞普造象　正書，調露二年，河南洛陽。

比丘尼智境造象　正書，調露二年，河南洛陽。

省堂寺殘碑　正書，永隆元年四月，山東莒州。

處貞造象　正書，永隆元年九月，河南洛陽。

林因果造象　正書，永隆元年十一月，河南洛陽。

胡宏實造象　正書，永隆元年十一月，河南洛陽。

强三孃造心經記　正書，永隆二年，陝西乾州。

崔懷儉造象　正書，永隆二年正月，河南洛陽。

侯元熾造象　正書，永隆二年四月，河南洛陽。

尼好因造象　正書，永隆二年九月，河南洛陽。

開業寺碑　李尚一撰，蘇文舉正書，開耀二年二月，河北元氏。

康摩伽墓志　正書，永淳元年四月，河南洛阳出土，今藏河南圖書館。

建立經幢記　正書，永淳元年八月，河南偃師。

崔通之銘文　正書，永淳元年十月，山西屯留出土。

永泰寺石幢　正書，永淳二年，河南登封。

張懿墓志　正書，永淳二年二月，陝西長安出土，今藏北平端氏。

田宏敏墓志　正書，嗣聖元年正月，河北任丘出土。

歐陽詢妻徐夫人墓志　子通正書，鄧元庭撰，文明元年三月。

龍門山趙奴子造象　正書，文明元年四月，河南洛陽。

乾陵述聖記　武后撰，中宗正書，文明元年八月，陝西乾州。

宫七品墓志　正書，文明元年八月，陝西長安出土，今藏陝西朝邑閻氏。

千佛崖趙昕造象記　正書，文明元年，山東歷城。

處士柳偘墓志　正書，垂拱元年七月，今藏新安張氏。

尼法淨造象　正書，垂拱元年，河南洛陽。

八都壇神君實録 正書，垂拱元年十月，河北元氏。

奉仙觀老君石象碑 李審機撰，沮渠智烈正書，垂拱元年十二月，河南濟源。

游擊將軍黄師墓志 正書，垂拱元年十二月，今藏新安張氏。

張師滿造象 正書，垂拱二年二月，河南洛陽。

處士張達碣 正書，垂拱二年三月，河南濟源出土。

發心造石象 正書，垂拱二年四月，河南洛陽。

王徵君元宗臨終口授銘 季弟王紹宗甄録并正書，垂拱二年四月，河南登封出土。

白鶴觀碑 正書，垂拱二年，山西長子。

龍豐倫造象 正書，垂拱二年五月，河南洛陽。

王君意造象 正書，垂拱二年七月，河南洛陽。

蘇伏寶造象 正書，垂拱三年二月，河南洛陽。

劉孝光造象 正書，垂拱三年，河南洛陽。

戴婆造象 正書，垂拱三年二月，河南洛陽。

張行忠造象 正書，垂拱三年，河南洛陽。

朝請大夫劉志榮造龕　正書，垂拱三年九月，河南洛陽。

龐德威墓志　正書，垂拱三年十一月，陝西咸寧出土。

陳護墓志　正書，垂拱四年正月，陝西鳳翔出土。石已破裂。

沐澗魏夫人祠碑銘并陰　路敬淳撰，僧從謙行書，垂拱四年正月，河南河内。

秦弘等造象　正書，垂拱四年三月，河南洛陽。

美原神泉詩序　韋元旦撰，尹元凱篆書，垂拱四年四月，陝西富平。

神泉詩碑陰　徐彦伯等所撰詩，篆書，垂拱四年四月，陝西富平。

吕行端墓志　正書，垂拱四年七月，河南洛陽出土，今藏河南圖書館。

鄧法明夫人李氏墓志　正書，垂拱四年九月，今藏新安張氏。

楊寶墓志　正書，垂拱四年十月，河南洛陽出土。

張安安墓志　正書，垂拱四年十月，今藏北平端氏。

張元福造象　正書，垂拱四年，河南洛陽。

澤州主簿梁師暕并夫人唐氏墓志　朱實撰，鄭莊正書，垂拱四年十一月，陝西長安出土。

安多富造象　正書，永昌元年三月，河南洛陽。

張元弼墓志　正書，子東之述，李行廉銘，永昌三年九月，湖北襄陽出土，今藏鹿門書院。

狄知愻碑　正書，載初元年正月，河南洛陽。

劉大捋妻姚造象　正書，載初元年六月，河南洛陽。

張元福造彌陀象　正書，載初元年，河南洛陽。

右虞候副率乙速孤神慶碑　苗神客撰，釋行滿正書，載初二年二月，陝西醴泉。

願孝寺神瞻塔銘　正書，載初二年，河南安陽。

斛斯氏墓志銘　正書，天授二年二月，今藏河南圖書館。

大雲寺彌勒重閣碑　杜澄撰，行書，天授二年。

南州刺史杜舉墓志　正書，天授二年二月，今藏新安張氏。

金臺觀主馬元貞題名　正書，天授二年二月，在漢史晨碑後。按，泰山、河南嵩山及濟源均有馬元貞題名。山東曲阜。

周行者造象　正書，天授二年，河南洛陽。

瞻法師影塔銘　正書，天授二年四月，河南安陽寶山。

姜遐斷碑　遐姪晞撰并正書，天授二年十月，陝西醴泉。

文昌主事主□造象　正書，天授□年，河南洛陽。

處士張景之墓志　正書，天授三年正月，湖北襄陽出土，今藏鹿門書院。

將仕郎張敬之墓志　正書，天授三年正月，今藏湖北襄陽鹿門書院。

孝廉張慶之墓志　并蓋，正書，天授三年正月，今藏湖北襄陽鹿門書院。

龍門山陀羅尼經　正書，如意元年。明隆慶間趙岩剷削經石，刻「伊闕」二大字。河南洛陽。

龍門山丁君舜造象　正書，如意元年閏五月，河南洛陽。

大智造象　正書，長壽二年，河南洛陽。

處士程元景墓志　正書，長壽三年四月，陝西長安出土，今藏北平端氏。

郝貴與造象　正書，長壽三年五月，河南洛陽。

郭公姬薛氏墓志　正書，長壽三年，山東館陶出土。

石窟寺造象　正書，延載元年二月，河南鞏縣。

石窟寺上柱國王義和造象　正書，延載元年八月，河南鞏縣。

房懷亮墓志　正書，延載元年十月，今藏北平端氏。

封祀壇碑　武三思撰，薛曜正書，萬歲登封元年十一月，河南登封。

榮德縣丞梁師亮墓志　正書，萬歲通天元年七月，陝西長安出土。

河東州刺史王仁求碑　子寶善正書，聖曆元年正月，雲南昆陽。

岱岳觀道士桓道彦造象銘　正書，聖曆元年十二月，山東泰安。

中嶽體元先生潘尊師碣　王適撰，司馬承禎八分書，聖曆二年二月，河南登封。

昇仙太子碑　武后撰并行書，聖曆二年六月，河南偃師。

昇仙太子碑陰　鍾紹京、薛稷、王旦等正書。又《武后遊仙篇》，薛曜書。

薛剛墓志　冉元一撰，正書，久視元年五月，陝西長安出土。

王二娘造象　正書，久視元年十月，河南洛陽。

馮慶墓志　正書，久視元年十月，河北冀州出土。

相州刺史袁公瑜墓志　狄仁傑撰，正書，久視元年十月，今藏新安張氏。

石堂山高涼靈泉記　正書，久視元年十一月，四川緜州。

劉公綽墓志　正書，久視元年十一月，今藏河北天津王氏。

秋日宴石淙序　張易之撰，薛曜正書，久視元年，河南登封。

肅政臺主簿路庭禮墓志　正書，久視元年十二月，今藏新安張氏。

大雲寺皇帝聖祚碑　賈膺福撰并八分書，大足元年，河南河内。

聖祚碑陰　正書。

龍門山閤門冬造象　正書，大足元年，河南洛陽。

周順陵殘碑　武三思撰，相王旦正書，長安二年正月，陝西咸陽。石碎而爲三，一在儒學，一在縣署，一在縣人竇氏。

司馬論墓志　正書，長安二年四月，河南河陰出土，今藏河陰教育局。

泉男産墓志並蓋　正書，長安二年，河南洛陽出土，今藏北京大學考古學室。

漢忠烈紀信墓碑　盧藏用撰并八分書，長安二年七月，河南滎澤。

紀信墓碑陰　八分書。

處士成惲墓志　正書，長安三年正月，今藏新安張氏。

信法寺張黑刀等造真容象碑　行書，長安三年，河北元氏。

張嘉墓志　正書，長安三年二月，今藏北平端氏。

華塔寺韋均造象銘　正書，長安三年七月，陝西長安。

張君表墓志　正書，長安三年八月，今藏新安張氏。

尚真墓志　正書，長安三年八月，陝西鄠縣出土。

杜夫人墓志　行書，長安三年十月，陝西長安出土。

陳叔度墓志　正書，長安三年十二月，河南鄠縣出土。

佛弟子區季昌造象　正書，長安四年二月，河南洛陽。

魏懷静造象　正書，長安四年二月，河南洛陽。

衛州共城縣百門陂碑　辛怡諫撰，張元琮記，孫去煩行書，長安四年九月，河南輝縣。

百門陂碑陰碑側　正書。

光宅寺姚元景造象銘　正書，長安四年九月。

陳暉造象　正書，長安四年，河南洛陽。

宋婆造象　正書，長安四年，河南洛陽。

佛説觀彌勒上兜率天經　正書，無年月。

佛頂尊勝經幢三十頌　正書，無年月。

徐師桂造象　正書，無年月，河南洛陽。

程元名造象　正書，無年月，河南洛陽。

孟懷素造象　正書，無年月，河南洛陽。

田三娘造象　正書，無年月，河南洛陽。

楊大福造象　正書，無年月，河南洛陽。

李保造象　正書，無年月，河南洛陽。

金文造象　正書，無年月，河南洛陽。

石行果造象　正書，無年月，河南洛陽。

石行果造觀音象　正書，無年月，河南洛陽。

李元哲造彌勒象　正書，無年月，河南洛陽。

左威造象　正書，無年月，河南洛陽。

劉三娘造象　正書，無年月，河南洛陽。

王承潁造象　正書，無年月，河南洛陽。

駝山都僧薀造象　正書，無年月，山東益都。

駝山平山公造象　正書，無年月，山東益都。

駝山潘乂造象　正書，無年月，山東益都。

駝山潘乂妻王氏造象　正書，無年月，山東益都。

駝山潘僧伽造象　正書，無年月，山東益都。

駝山潘世儁造象　正書，無年月，山東益都。

駝山李訶造象　正書，無年月，山東益都。

駝山許惠徹造象　正書，無年月，山東益都。

駝山梁景造象　正書，無年月，山東益都。

駝山杜季儒造象　正書，無年月，山東益都。

駝山季儒母阿鄭造象　正書，無年月，山東益都。

駝山張略造象　正書，無年月，山東益都。

駝山甯在賓造象　正書，無年月，山東益都。

駝山張真妙造象　正書，無年月，山東益都。

駝山□忽造象　正書，無年月，山東益都。

駝山馬摩耶造象　正書，無年月，山東益都。

風峪石經　正書，無年月，中有武后制字，山西太原。凡一百三十六幢，四面刻，全搨頗不易。

金剛經并心經　正書，無年月，中又武后制字，河南洛陽。

安令節墓志　鄭休文撰，石抱璧正書，神龍元年三月，今藏北平端氏。

王慶墓志　正書，神龍元年十一月。

唐□□□□氏浮圖頌　正書，神龍二年。

劉仁墓志　正書，神龍二年十一月，山西太谷出土，今藏山西公立圖書館。

般若波羅密多心經　正書，神龍二年。

王才賓造象　正書，神龍二年。

龍興觀道德經　正書，景龍二年正月，河北易州龍興觀。按，《道德經》爲蘇靈芝書，不著名氏，故著録家皆未之及。蘇所書《夢真容碑》亦在龍興觀，筆法固相同。翁覃溪題記亦稱碑爲靈芝所書，不但土人相傳而已。

陀羅尼經幢　正書，景龍三年，山西汾陽。

比丘尼法琬碑　僧承遠撰，劉欽旦正書，景龍三年五月，陝西長安。

西城縣令梁嘉運墓志　正書，景龍三年十月，湖北襄陽出土，今藏鹿門書院，有吴式芬跋。

殘墓志　李爲仁正書，景龍三年七月。

蘇瓌神道碑　張説撰銘，盧藏用撰序并八分書，景雲元年十一月，陝西武功。

胡元廣造象　正書，景雲元年五月，河南洛陽。

陸元感墓志 靳翰撰正書，景雲二年三月，江蘇崑山出土。

景龍觀鐘銘 正書，景雲二年九月，陝西長安。

孟思造象 正書，景雲□年，河南洛陽。

崇雅堂碑録卷之二終

崇雅堂碑録卷之三

潛江甘鵬雲耐公編

唐

趙州長史孟貞墓志　正書，開元二年三月，今藏新安張氏。

張淑墓志　正書，開元二年四月，今藏新安張氏。

周公祠碑　賈大義撰，正書，開元二年十二月，河南偃師。

杜潛輝造象　正書，開元二年十二月，河南洛陽。

少林寺戒壇銘　僧義淨撰，李邕書，開元三年正月，河南登封。

馮貞祐妻孟氏墓志　父孟友直撰，正書，開元三年四月，陝西寶雞。

嶲州都督姚懿碑　胡皓撰，徐嶠之正書，開元三年十月，河南陝州。

處士胡佺墓志　行書，開元三年十月，山西介休出土，今藏介休郭氏。

醴泉寺誌公碑　正書，開元三年十月，山東鄒平。

浄域寺法藏禪師塔銘　田休光撰，正書，開元四年五月，陝西長安。

有道先生葉國重墓碑　李邕撰并正書，開元五年三月。重刻本俗呼「追魂碑」。浙江松陽。

靈慧法師影塔銘　正書，開元五年三月，河南安陽萬佛溝。

姚彝碑　崔沔撰，徐嶠之正書，開元五年七月，河南洛陽。

歙州刺史葉慧明神道碑　李邕撰，韓擇木八分書，開元五年七月。

信安縣主元思忠墓志　歐陽楨撰并正書，開元五年八月，今藏新安張氏。

劉彦之墓志　正書，開元五年，河南洛陽出土。

宗聖觀主尹尊師碑　員半千撰，八分書，開元五年十月，陝西盩厔。元人重刻本。

陸大亨墓志　正書，開元六年二月，河南洛陽出土。

唐興寺碑　許景先撰，八分書，開元六年九月，山西聞喜。

賈黄中墓志　正書，開元六年十月，今藏北平端氏。

鬱林觀東巖壁記　崔逸撰，八分書，開元七年正月，江蘇海州。

吴藏師造象　正書，開元七年正月，河南洛陽。

金剛經碑　杜嘉旭正書，開元七年四月，河北元氏。

于知微碑　姚崇撰，正書，開元七年六月，陝西三原。

吕文倩墓志　行書，開元七年六月，河南洛陽出土，今藏北平端氏。

萊州刺史唐貞休德政碑　八分書，開元七年七月，山東掖縣。

元素墓志　正書，開元七年閏七月，今藏新安張氏。

金剛經贊序并鄉望經主題名　開元七年九月。碑末題「房山縣樂安孫文儁書東面，榆次縣騎都尉杜嘉旭書西面。」趙之謙《補訪碑録》但云孫嘉儁書，誤。又「文儁」作「嘉儁」，亦誤。

王仁皎碑　張説撰，明皇八分書，開元七年十月，陝西大荔。

修孔子朝碑　李邕撰，張廷珪八分書，開元七年十月，山東曲阜。

修孔子廟碑陰碑側　正書。

京兆府功曹上柱國韋君墓志　子璞玉撰，開元八年正月。

雲麾將軍李思訓碑　李邕撰并行書，無年月。孫淵如云開元八年，羅叔堅云當立於開元廿七年。陝西蒲城。

華嶽精享昭應碑　咸廙撰，劉升八分書，開元八年，陝西華陰。

梁方張夫人墓志　正書，開元八年十月，今藏北平端氏。

邕府長史周利貞墓志　孫浩然撰，賈庭芝正書，開元八年十一月，今藏新安張氏。

北嶽府君碑　韋虚心撰，陳懷志行書，開元九年三月，河北曲陽。

北嶽府君碑陰碑側　行書。

賈明墓志　正書，開元九年四月，今藏河南圖書館。

鎮軍大將軍吴文殘碑　僧大雅集王羲之行書，開元九年十月，陝西長安。俗呼「半截碑」。

晉州邑令楊純墓志　正書，開元九年十月，今藏新安張氏。

常熟縣令郭思謨墓志　孫翌撰，正書，開元九年十一月，河南洛陽存古閣。

王脩福墓志　正書，開元九年十一月，山西臨汾出土，今藏山西洪洞董氏。

上柱國李景祥墓志　正書，開元九年十二月，今藏新安張氏。

曹州冤句縣令李敬瑜墓志　正書，開元九年十二月，今藏新安張氏。

雲居寺李公石浮圖銘　梁高望行書，開元十年四月，河北房山。

綏州别駕劉君夫人張氏墓志　正書，開元十年五月，今藏新安張氏。

奉先寺大盧舍那象龕記　殷仲容撰，正書，開元十年十二月，河南洛陽。

奉先寺牒　正書，開元十年，河南洛陽。

玉泉寺大通禪師碑　張説撰，盧藏用八分書，開元十年，湖北當陽。

錦屏山摩崖石刻　王翼八分書，開元年間，山西吉州。

董守真墓志　正書，開元十一年二月，河南洛陽出土。

老子孔子顔子讚　玄宗八分書，開元十一年五月，山東金鄉。

冀州堂陽縣主楊瓊墓志　徐大亨撰，正書，開元十一年十月，今藏新安張氏。

娑羅樹碑　李邕撰并行書，開元十一年十月，江蘇淮安。明人重刻本。

寇釗墓志　正書，開元十一年十月，今藏新安張氏。

荆州大都督崔太之墓志　崔沔撰，李迪正書，開元十一年十月，今藏新安張氏。

沁州刺史馮公碑　崔尚撰，郭謙光八分書，開元十一年十一月，陝西咸寧。

襄州刺史靳恒碑　張九齡撰，高慈正書，開元十一年，湖北襄陽。

御史臺精舍碑　崔湜撰，梁昇卿八分書，開元十一年，陝西長安。

精舍碑陰　八分書及正書。

精舍碑側　正書。

唐仲烈墓志　王無競撰，正書，開元十二年，山東掖縣出土。

内侍高福墓志　孫翌撰，行書，開元十二年正月，陝西咸寧出土。畢秋帆得之，攜歸靈巖山館，今藏江蘇吴縣蔣氏。

錦州刺史趙潔墓志　正書，開元十二年二月，今藏新安張氏。

開業寺石佛堂記　孫義隆撰，行書，開元十二年三月，河北臨城。

王無競殘墓志　正書，開元十二年十月，今藏山東掖縣三司閣。

涼國長公主碑　蘇頲撰，明皇八分書，開元十二年，陝西蒲城。

吴善墓志　正書，開元十二年十一月，今藏北平端氏。

華山銘殘字　明皇撰并八分書，開元十二年十一月，陝西華陰。

右武衛大將軍乙速孤行儼碑　劉憲撰，白義晊八分書，開元十三年二月，陝西醴泉。

杜濟墓志　正書，開元十三年四月，河南洛陽出土。

鄎國長公主神道碑　張説撰，明皇八分書，開元十三年四月，陝西蒲城。

大倉丞劉慎墓志　八分書，開元十三年四月，今藏新安張氏。

述聖頌　達奚珣序，吕向頌并正書，開元十三年六月，陝西華陰。

索崇墓志　正書，開元十三年十一月，今藏陝西三原于氏。

古義士伯夷叔齊碑　梁昇卿撰并八分書，開元十三年，陝西蒲城。

盧夫人墓志　男若虚撰，八分書，開元十三年，河南洛陽出土。

玄宗賜青城山張敬忠勅　行書，前後題記八分書，開元十三年正月，四川灌縣。

益州大都督張敬忠區畫青城山常道觀表奏　行書，開元十三年正月，四川灌縣。

後漢大司農鄭公碑　史承節撰，正書，開元十三年閏十二月，山東高密。金永安五年重刻本。

薛府君妻裴氏墓志　正書，開元十四年二月，河南洛陽出土，今藏洛陽存古閣。

聖容院碑　正書，開元十四年，河南長葛。

鄭戒墓志　正書，開元十四年五月，洛陽出土，今藏河南圖書館。

紀泰山銘　玄宗御撰并八分書，開元十四年九月，山東泰安。銘後有諸臣題名。

陳憲墓志　八分書，開元十四年十一月，河南偃師出土，今藏偃師縣學。

思恆律師誌文　常口口撰，正書，開元十四年十二月，陝西咸寧出土，今藏北平端氏。

端州石室記　李邕撰，正書，開元十五年正月，廣東高要。

方律師象塔銘　正書，開元十五年三月，河南安陽萬佛溝。

鄭温球墓志　盧兼愛撰，正書，開元十五年七月，陝西鄠縣出土，今藏江蘇武進陸氏。

于履楫墓　正書，開元十五年七月，陜西長安出土，今藏廣東南海吴氏。

邢均墓志　正書，開元十五年十月，今藏新安張氏。

王晉妻劉氏合葬志　吕立亮撰，正書，開元十五年十月，陜西長安出土，今藏山東諸城劉氏。

嵩嶽少林寺碑　裴漼撰并行書，開元十六年七月，河南登封。

范崇禮墓志　正書，開元十六年七月，今藏新安張氏。

李無慮墓志　賈彦璿撰，正書，開元十七年六月，陜西咸寧出土。

岳麓寺碑　李邕撰并行書，開元十八年九月，湖南長沙。

岳麓寺碑陰　李邕行書。

劉庭訓墓志　正書，開元十八年十二月，今藏河南圖書館。

廬山東林寺碑　李邕撰并行書，開元十九年七月，江西星子。元至元三年重立。

鄭進思墓志　正書，開元十□年五月，湖北江陵出土。

大忍寺門樓碑　楊邈撰，裴抗八分書，開元二十一年，直隸深澤。羅叔堅以爲立于開元十八年。

門樓碑額碑陰　八分書。

河南府參軍張軫墓志　吕巖説撰，正書，開元二十一年十月，湖北襄陽出土，今藏襄陽鹿門書院。《訪碑録》作

「武昌」，誤。

秀士張點墓志　正書，開元二十一年十月，湖北襄陽出土，今藏襄陽鹿門書院。

張漪墓志　正書，開元二十一年十月，湖北襄陽出土，今藏廣西臨桂吕氏。

揚子縣令崔光嗣墓志　正書，開元二十一年十一月，今藏新安張氏。

代國長公主碑　鄭萬鈞撰并行書，開元二十二年十二月，陝西蒲城。

謁郭巨祠堂記　楊傑撰，李皋八分書，開元二十三年七月，山東肥城。

上柱國盧全操墓志　正書，開元二十三年九月，今藏新安張氏。

秦望山法華寺碑　李邕撰并行書，開元二十三年，山東濟南重摹本。

北岳神廟碑　鄭子春撰，崔鐶八分書，開元二十三年閏十一月，河北曲陽。

北岳神廟碑陰　八分書。

趙壽墓志　正書，開元二十三年十一月，今藏北平端氏。

元氏令龐履温碑　邵混之撰，蔡有鄰八分書，開元廿四年二月，河北元氏。

龐履温碑陰　崔仲海正書。

鄭曾碑　梁昇卿撰并八分書，開元二十四年五月，河南滎澤。

裴光庭碑 行書,開元二十四年。

金明縣令張惠則墓志 正書,開元二十四年十月,今藏新安張氏。

邵真及馬夫人墓志 正書,開元二十四年十月,今藏北平端氏。

西山廣化寺不空禪師塔記 正書,開元二十五年八月。

㯤山浮圖贊 張名衿撰,解莊正書,開元二十五年十月,山西沁水。

姚處璡墓志 胡象撰,開元二十五年十月,今藏新安張氏。

尉遲迥廟碑 閻伯璵撰序,顔真卿撰銘,蔡有鄰八分書,開元二十六年正月,河南安陽。有碑陰,八分書。

了緣和尚塔銘 王叔通撰并正書,開元二十六年七月,浙江鄞縣。

玄宗御注道德經 正書,開元二十六年十月,河北易州。

崔玄隱墓志銘 正書,開元二十七年十月,今藏北平端氏。

鄎城縣丞張孚墓志 姪繟述正書,開元二十八年六月,湖北襄陽鹿門書院。

易州刺史田仁琬德政碑 徐安貞撰,蘇靈芝行書,開元二十八年十月,河北清苑。

多寶塔銘 正書,開元二十九年閏四月,陝西長安。

石壁寺鐵彌勒象讚 林諤撰,房璘妻高氏行書,開元二十九年六月,山西交城。此碑有再刻、有三刻,原刻拓本不可見，友人魯丹陔有之。

夢真容碑 張九齡奏，蘇靈芝行書，開元二十九年六月，陝西盩厔。重摹本。

夢真容碑 牛仙客奏，蘇靈芝行書，開元二十九年六月，河北易州。

崔夫人朱氏墓志 正書，開元二十九年八月，今藏河南圖書館。

潤州雲陽觀桓尊師碑 正書，開元二十九年，江蘇丹徒。

本願寺三門碑 行書，年月泐。孫淵如考爲開元間。河北獲鹿。

雷音洞心經 陳令望正書，天寶元年四月，河北房山。

雲麾將軍李秀殘碑 李邕撰并行書，天寶元年正月。原碑佚，道光七年盧龍蔣策重摹刻，在北平法源寺，有英和等跋。

鄂州刺史盧正道碑 李邕撰并行書，天寶元年二月，河南洛陽。

張嘉祐墓志 正書，天寶元年二月，河南洛陽出土。

趙巨源墓志 正書，天寶元年二月，今藏河南圖書館。

兗公之頌 張之宏撰，包文該正書，天寶元年四月，山東曲阜。

兗公頌碑側 正書。

高德墓志　正書，天寶元年四月，今藏新安張氏。

崔夫人墓志　正書，天寶元年四月，今藏河南圖書館。

元元靈應頌　戴璇撰序，劉同升撰頌，戴伋八分書，天寶元年七月，陝西盩厔。

何簡墓志　妻李氏撰，正書，天寶元年七月，今藏日本大倉氏。

張智度墓志殘石　正書，天寶元年十一月，山西平遥出土，今藏西河書院。

靈巖寺碑　李邕行書，天寶元年。石原在山東長清，今佚。重摹本。

李宗墓志　正書，天寶二年正月，陝西咸寧出土。

郭彦道墓志　行書，天寶二年正月，北平南下窪出土，今已售之某國。

玉真公主受道靈壇祥應記　蔡瑋撰，元丹邱正書，天寶二年，河南濟源。

楊瓚建造浮圖頌　正書，天寶二年。

薛文昭墓志　正書，天寶二年三月，陝西咸寧出土。

崔君妻獨孤氏墓志　長子季梁撰并正書，天寶二年十一月，今藏北平端氏。

法昌寺主圓濟塔銘　韓銓撰，董光潮正書，天寶二年十二月，山西芮城法昌寺後壁。

嵩陽觀紀聖德感應頌　李林甫撰，徐浩八分書，天寶三載二月，河南登封。

薛良佐塔銘　薛鈞撰，薛良史正書，天寶三載閏二月，陝西長安。

范夫人墓志　正書，天寶三載四月，河南洛陽出土。

石臺孝經　高宗註并八分書，天寶四載九月，陝西長安。

逸人竇居士神道　李邕撰，段清雲行書，天寶六載二月，陝西三原。

河南府參軍張軫弟二志　丁鳳撰，正書，天寶六載十月，湖北襄陽鹿門書院。

李迪墓志　正書，天寶六載十一月，今藏河南圖書館。

王孝戢墓志　正書，天載六載十二月，今藏江蘇武進陶氏。

宴濟瀆序　達奚珣撰，薛希昌八分書，天寶六載十二月，河南濟源。

遊濟瀆記　達奚珣撰，薛希昌八分書，即前碑陰。

上黨郡大都督府長史宋遥墓志　宋鼎撰，鄭長裕正書，天寶七載正月，今藏新安張氏。

北岳恒山封安天王銘　李佺撰，戴千齡八分書，天寶七載五月，河北曲陽。

安天王碑陰　八分書。

何知猛墓志　行書，天寶七載五月，山西永寧出土，志末題行書三行。

潘智昭墓志　行書，天寶七載七月，陝西長安出土，今藏北平端氏。

崔石墓志　行書，天寶七載八月，山西屯留出土，今藏河北天津王氏。

僧元林碑　陸長源撰，正書，天寶八載，河南安縣。

盧復墓志　正書，天寶九載二月，今藏河南圖書館。

石彌勒象贊　正書，天寶九載，山西絳州東君廟。

千福寺多寶塔感應碑　岑勛撰，顔真卿正書，天寶十一載四月，陝西長安。

董日進造石浮圖記　行書，天寶十一載八月，河北元氏。

夫子廟堂記　程浩撰，顔真卿書，天寶十一載。

三原縣尉崔澄墓志　正書，天寶十一載八月，今藏新安張氏。

上柱國屈澄墓志　正書，天寶十一載九月，今藏新安張氏。

楊珣碑　玄宗御製并八分書，天寶十二載二月，陝西扶風。

永泰寺佛頂尊勝陀羅尼經幢　正書，天寶十二載六月，河南登封。

新定郡太守張朏墓志并蓋　正書，蓋八分書，天寶十二載八月，湖北襄陽鹿門書院。

孫志廉墓志　韓獻之正書，天寶十三載六月，陝西咸寧出土，今藏浙江嘉興張氏。

興國寺碑　正書，天寶十三載十月，山東滕縣。

玄宗第五孫女墓志　張漸撰，劉泰行書，天寶十三載十一月，陝西長安出土，今藏陝西藍田閻氏。

東方先生畫象讚　夏侯湛撰，顏真卿正書，天寶十三載閏十一月　山東陵縣

畫象讚碑陰　顏真卿撰并正書。

元魯山墓銘　元結撰，正書，天寶十三載，原在河南嵩縣，今佚。

韋瓊墓志　范朝撰，正書，天寶十四載五月，陝西長安出土，今藏北平端氏。

張希古墓志　雁門田穎行書，天寶十五載四月，陝西長安出土，今藏江蘇吴縣蔣氏。有摹刻本。

劉智墓志　蘇靈芝正書，天寶十五載五月，陝西長安出土。

心經　張旭草書，無年月，陝西長安。

千文斷碑　張旭草書，無年月，陝西長安。

肚痛帖　張旭草書，無年月，陝西長安，宋時摹刻。

憫忠寺寶塔頌　張不矜撰，蘇靈芝行書，至德二載十一月，河北大興。

威神寺文德禪師墓志　正書，至德二載十二月。

佛峪遇緣造象記　正書，乾元二年三月，山東歷城。

城隍廟碑　李陽冰撰并篆書，乾元二年八月，宋宣和五年重摹本，浙江縉雲。

王仁恪造彌陀象　正書，上元二年三月。

鮮于氏離堆記殘石　顔真卿撰并正書，寶應元年四月，四川南部。

華岳廟邱據題名　正書，寶應二年六月，陝西華陰。

臧懷恪碑　顔真卿撰并正書，廣德元年十月，陝西三原。

鉅野縣令李璀墓志　韋應物撰，正書，廣德元年十一月，今藏新安張氏。

李光弼神道碑　顔真卿撰，張少悌行書，廣德二年十一月，陝西富平。

與郭僕射書　顔真卿撰并草書，無年月。王虚舟云當在廣德二年十一月。陝西長安。

郭敬之家廟碑　顔真卿撰并正書，廣德二年十一月，陝西長安。

郭氏家廟碑陰　正書。

左武衛大將軍白道生神道碑　于益撰，□摯宗正書，永泰元年三月，陝西咸寧鳳栖原，今移廟學。

怡亭銘并序　李陽冰篆書序，李筥八分書銘，永泰元年五月，湖北武昌江濱。

新平郡王儼墓志　正書，永泰元年五月，陝西咸寧出土。

陀羅尼經殘石　正書，聞喜令王守忠造，永泰元年十二月。

成德軍節度使李寶臣紀功頌　王佑撰，王士則正書，永泰二年七月，河北正定。

窳尊銘　元結撰，瞿令問八分書，永泰二年十一月，湖南道州。

王府君夫人何氏合葬墓志　正書，大曆元年六月，今藏北平端氏。

㾈臺銘　元結撰，瞿令問篆書，大曆二年六月，湖南祁陽。

李氏三墳記　李季卿撰，李陽冰篆書，大曆二年，陝西長安。

李良金墓志　正書，大曆三年十一日，山西臨汾出土。

北海郡守秘書監李邕墓志　子昂撰，正書，大曆三年十一月，今藏新安張氏。

王訓墓志　王漶撰并正書，大曆二年八月，陝西咸寧出土。

聽松二字　篆書，無年月，江蘇無錫。

李楷洛碑　楊炎撰，史惟則八分書，大曆三年三月，陝西富平。

浯溪銘　元結撰，季康篆書，無年月，湖南祁陽。

㾈廎銘　元結撰，袁滋篆書，大曆三年閏六月，湖南祁陽。

大證禪師碑　王縉撰，徐浩正書，大曆四年三月，河南登封。

楚州長史元貞墓志　正書，大曆四年七月，今藏新安張氏。

儲潭神頌　裴諝撰，正書，大曆五年六月，江西贛縣。

儲潭碑陰　裴諝撰《祈雨感應記》，裴宏正書。

銅牙鎮福興寺碑　許登撰，張從申行書，大曆五年六月，江蘇上元。

龔邱令瘐賁德政頌　李陽冰撰并篆書，大曆五年九月，山東寧陽。金貞元三年重立。

麻姑山仙壇記　顔真卿撰并正書，大曆六年四月，江西南城，小字本。

同光禪師塔銘　郭湜撰，靈飛正書，大曆六年六月，河南登封少林寺。

中興頌　元結撰，顔真卿正書，大曆六年六月，湖南祁陽。又四川劍州、資州複刻本。

博陵崔文脩改葬墓志　嗣子上柱國崔玭撰，正書，大曆六年八月，山西聞喜出土。

尊勝陀羅尼幢　僧昔真撰，康玢行書，大曆六年十月，陝西富平。

宋璟碑　顔真卿撰并正書，大曆七年九月，河北沙河。

般若臺題名　李陽冰篆書，大曆七年，福建閩縣。

黄石公祠記　李卓撰，裴平八分書，大曆八年七月，山東東阿。

黄石公祠碑陰　八分書。

吏部常選張顔墓志　趙植撰，正書，大曆八年閏十一月，今藏新安張氏。

文宣王廟新門記　裴孝智撰，裴平八分書，大曆八年十二月，山東曲阜。

廟門碑陰碑側　八分書。

干禄字書　顔元孫撰，顔真卿正書，大曆九年正月，四川潼州。

張鋭墓志　錢庭篠撰，張愊正書，大曆九年三月，今藏北平端氏。

元結表墓碑　顔真卿撰并正書，大曆□年十一月。羅叔堅云「□」當爲「七」字。河南魯山。

送劉太沖敘　顔真卿撰并行書，無年月。宋人重刻，江蘇溧水。

滑臺新驛記　李勉撰，李陽冰篆書，大曆九年八月，河南滑縣。

郭巖墓志　正書，大曆九年十一月，河南洛陽出土，今藏浙江歸安金氏。

清源公王忠嗣神道碑　元載撰，王縉行書，大曆十年四月，陝西渭南。

尼如願律師墓志　僧飛篠撰，秦昊正書，大曆十年七月，陝西長安出土。

盧濤墓志　正書，大曆十一年十一月，河南洛陽出土。

高力士殘碑　行書，大曆十二年五月，陝西蒲城。

解慧寺三門樓讃　李宥撰，周籝金行書，大曆十二年六月，河北正定。

竇夫人楊氏墓志　丁翯撰，正書，大曆十二年十一月，河南洛陽出土，今藏北平歷史博物館。

宋璟碑側記　顔真卿撰并正書，大曆十二年十一月，河北沙河。

李國清墓志　正書，大曆十三年四月，山東益都出土，今藏北平端氏。

辛公妻李氏墓志　獨孤愐撰，韓秀實八分書，大曆十三年七月，今藏北平端氏。

尊勝陀羅尼經序　行書，大曆十三年戊午。

李嘉珍墓志　正書，大曆十三年十月，今藏北平端氏。

段行琛碑　張增正書，大曆十四年閏五月，陝西汧楊。

絳州古柏記　正書左行，無年月。按，當在大曆十四年以後。山西絳州。兩份。

蕭俱興墓志　正書，大曆十五年正月，今藏北平端氏。

華州孔子廟殘碑　徐浩撰，顏真卿正書，缺年月，陝西華州。

大岯山銘　洪經綸撰，正書，建中元年四月，河南濬縣。

顏惟貞廟碑　顏真卿撰并正書，建中元年七月，陝西長安。

惟貞廟碑陰　顏真卿正書。

舜廟碑　韓雲卿撰，韓秀實八分書，建中元年，廣西臨桂。

景教流行中國碑　僧景浄撰，吕秀巖正書，建中二年，陝西長安。

宣城尉李君妻賈氏墓志　從子文則正書，建中二年三月。碑末書一行云「後一千三百年爲劉黄頭所發。」石以道光三年出土，實一千三百年，物之隱顯前定如此。河北元氏縣署。

不空和尚碑　嚴郢撰，徐浩正書，建中二年十一月，陝西長安。

不空和尚碑側　正書。

涇王妃韋氏墓志　張周撰，張同文正書，建中三年二月，陝西長安出土，今藏廣東南海吴氏。

段干木廟銘　盧士牟撰，趙彤正書，興元元年，山西芮城。

吴岳祠堂記　于公異撰，冷朝陽行書，興元元年十月，陝西隴州。

劉守忠墓志　正書，興元二年七月，陝西長安。

大伾山銘功碑　李沛撰，陳□卿行書，貞元二年五月，河南濬縣。

景昭法師碑　陸長源撰，竇泉正書，貞元三年正月，江蘇句容。

田佚墓志　桑叔文撰，儲彦琛正書，貞元三年八月，江蘇江都出土，今藏江蘇儀征張氏。

張延賞神道碑　趙贊撰，歸登八分書，貞元三年十月，河南偃師。

張延賞碑陰　正書。

李丕墓志　柳峴撰，行書，貞元三年十一月，今藏河北通縣劉氏。

李元諒懋功昭德頌　張濛撰，韓秀弼八分書，貞元五年十月，陝西華州。

韋端妻王氏墓志　子鎮撰并正書，貞元六年二月，陝西長安。

曹州乘氏縣尉薛懋墓志　正書，貞元六年十月，今藏新安張氏。

敬愛寺法玩禪師塔銘　李充撰，馬士瞻正書，貞元七年十月，河南登封。

殿中侍御史杜兼題名　正書，貞元七年，在漢魯相謁孔廟碑側，山東曲阜孔林。

徐泗節度掌書記章子高題名　正書，貞元七年，在漢魯相謁孔廟碑側，山東曲阜孔林。

東陵聖母帖　懷素草書，貞元九年五月，宋元祐戊辰摹本，陝西長安。

藏真律公二帖　懷素草書，元年月，宋元祐八年重刻，陝西長安。

緑天庵自敘各帖　懷素草書，無年月，湖南零陵。

梁思墓志　正書，貞元九年十月，山西平遥出土。

朝散大夫南陽樊涚墓志　樊宗師撰，正書，貞元九年十月，今藏新安張氏。

李抱真德政碑　董晉撰，班宏正書，貞元九年，山西長治。

盧夫人崔氏墓志　正書，貞元九年十月，今藏北平端氏。

杜府君夫人韋氏墓志　李宣撰，李成均行書，貞元十年八月，陝西咸寧。

諸葛武侯新廟碑　沈迴撰，元錫正書，貞元十一年二月，陝西沔縣。

于昌嶠墓志　正書，貞元十一年七月，河北密雲出土。

嵩山會善寺戒壇記　陸長源撰，陸郢八分書，貞元十一年七月，河南登封。

田侁妻冀氏合祔志　正書，貞元十一年八月，今藏江蘇儀徵張氏。

王仲堪墓志　族弟叔平述，正書，貞元十三年四月，北平廣渠門内安慶義塋出土，今藏北平崇效寺。

河東鹽池靈慶公神祠碑　崔敖撰，韋縱正書，貞元十三年八月，山西安邑。

靈慶公神祠碑陰記　劉宇撰并行書。

劉建墓志　正書，貞元十四年十二月，郭洪撰并正書，河北通縣。

徐浩神道碑　張式撰，徐峴正書，貞元十五年十一月，河南偃師。

無垢浄光塔銘　正書，貞元十五年，福建侯官。

靳英布墓志　張遇撰，行書，貞元十七年二月，河北通縣出土。

浯溪杜傑題名　正書，貞元十八年，湖南祁陽。

韓夫人朱氏墓志　正書，貞元十九年正月，河南陳留。

張惟合祔墓志　正書，貞元二十一年正月，湖北襄陽出土，今藏陝西渭南趙氏。

楚金禪師碑　僧飛錫撰，吳通微正書，貞元二十一年七月，陝西長安，刻于多寶塔碑陰。

雲麾將軍張詵夫人樊氏墓志　沙門至咸撰，正書，永貞元年十月，河南洛陽出土。

陳義墓版文　侯銛撰，丘頫行書，永貞元年十二月，陝西長安出土，今藏陝西朝邑閻氏。

竇叔向碑　羊士諤撰，竇易直正書，元和三年十月，河南偃師。

李三十三娘墓志　正書，元和三年五月，今藏北平端氏。

龍泉記　張鑄撰，裴少微正書，元和三年，山西芮城。

撫州法曹參軍李彙墓志　韋謨撰，正書，元和三年七月，今藏新安張氏。

諸葛武侯祠堂碑記　裴度撰，柳公綽正書，元和四年二月，四川成都。

山南東道節度王大劍墓志　正書，元和四年十月，湖北襄陽鹿門書院。

獨孤夫人墓志　正書，元和四年十月，今藏北平端氏。

涿鹿山石經堂記　劉濟撰，正書，元和□年，河北房山。

施昭墓志　正書，元和四年十二月，舊藏安徽涇縣趙氏。

麟臺碑　韋表微撰，正書，元和五年十一月，山東鉅野。

解進墓志　正書，元和五年十一月，河南孟縣。

零陵寺石闌贊　正書，元和六年五月，湖南祁陽。

王守廉墓志　行書，元和六年九月，今藏浙江上虞羅氏。

晉周孝侯碑　題陸機撰，王羲之書。孫伯淵云唐人僞託。元和六年十一月，江蘇宜興。

李景逸墓志　正書，元和七年五月，今藏湖北襄陽育嬰堂。

殿中監石神福墓志　正書，元和八年正月，河北正定。

穀城縣令張曛墓志并蓋　崔歸美撰，屈賁正書并篆蓋，元和八年十一月，湖北襄陽鹿門書院。

監察御史劉公妻崔夫人墓志并蓋　辛劭文正書，篆蓋，元和九年十月，湖北襄陽鹿門書院。

盧公夫人崔氏墓志　竇從直撰，公燮正書，元和九年十月，河南洛陽出土。

裴琚墓志　正書，元和九年十一月，今藏湖北襄陽鹿門書院。

司功參軍魏邈墓志　子匡贊撰并行書，元和十年四月，陝西長安出土。

大鑒禪師碑　柳宗元撰，正書，元和十一年，明嘉靖間重刻，廣東曲江。

崔太之妻李氏墓志　裴諶撰文，嚴湛正書，元和十一年八月，今藏新安張氏。

秦愛先妻王氏墓志　行書，元和十一年十月，今藏河北津王氏。

龍城柳碣　柳宗元撰并行書，元和十二年，廣西馬平。

徐州使院二石幢　正書，近顔、柳，元和十二年九月，江蘇徐州府署。

韋端元堂志 第四子紓撰并正書，元和十四年三月，陝西長安出土。

崔載墓志 正書，元和十四年十一月，今藏北平寶瑞臣先生所。

上柱國邵才志墓志 從姪仲方撰，魏瓊正書，元和十四年十一月，陝西咸寧出土，今藏山東諸城劉氏。

朔方節度使李光進碑 令狐楚撰，季元行書，元和十五年，山西榆次。

司馬宗妻孫氏墓志 賈中立撰，正書，元和十五年十一月，陝西長安出土。

浯溪詩 皇甫湜撰，行書，無年月，湖南祁陽。

皇甫湜詩刻 正書，無年月。

忠武軍監軍使朱孝誠神道碑 蘇遇撰，曹郢正書，長慶元年二月，陝西三原。

華岳廟鄭簡之題名 行書，長慶元年二月，陝西華陰。

襄州節度押衙卜瓘墓志 盧子政撰，正書，長慶二年十一月，湖北襄陽鹿門書院。

邠國公梁守謙功德銘 楊承和撰并正書，長慶二年十二月，陝西長安。

中書令張九齡碑 徐浩撰并正書，長慶三年，宋天聖八年重刻，廣東曲江。

李良臣碑 李宗閔撰，楊正正書，長慶三年，山西榆次。

長慶三年石刻題名 正書，碑陰有「皇兄憲王憲、薛王業、皇堂兄邵王守禮」等名。

光禄卿崔廷墓志　崔咸撰，正書，長慶四年二月，今藏新安張氏。

顧永墓志　李德芳述，正書，長慶四年二月，今藏北平端氏。

孔徯墓志銘　韓愈撰，正書，長慶四年，河南汜水。

陳皓墓志　謝休文述，正書，長慶五年正月，江西南昌出土，今藏廣西桂林龍氏。

修浯溪記　韋珣撰，羅涓正書，寶曆元年五月，湖南祁陽。

諸葛澄墓志　韓宬撰，行書，寶曆元年九月，今藏北平端氏。

李晟神道碑　裴度撰，柳公權正書，太和三年四月，陝西高陵。

處州孔子廟碑　韓愈撰，任通篆書，太和三年六月，浙江麗水。

嵩高靈勝詩刻　尉遲玢撰，正書，太和三年六月，河南登封。

東郡懷古詩刻　李德裕撰并八分書，太和四年六月，河南滑縣。

洋王府長史吴達墓志　寇同撰，正書，太和四年十月，陝西長安出土，今藏北平端氏。

白樂天游濟源詩刻　正書，太和五年九月，河南濟源。金元光時重刻。

浯溪王軒題名　正書，太和五年，湖南祁陽。

唐州長史劉密墓志　正書，篆蓋，太和六年七月，湖北襄陽鹿門書院。

真空寺脩石幢記　行書，太和六年八月。

李夫人杜氏墓志　從弟宣猷撰，正書，太和六年十一月，今藏襄陽鹿門書院

胡夫人朱氏墓志　明援撰，正書，太和七年二月，湖北武昌出土。

阿育王寺常住田碑　齊萬融撰，范昀行書，太和七年十二月，浙江鄞縣。

寂照和尚碑　段成式撰，僧無可正書，太和七年十二月，陝西咸陽。

義陽郡王符璘碑　李宗閔撰，柳公權正書，太和七年，陝西富平。

劉逸墓志　正書，太和八年四月。

山南東道節度押衙楊孝真墓志　潘聿撰，正書，太和九年四月，湖北襄陽鹿門書院。

修龍宮寺碑　李紳撰，行書，太和九年四月，浙江嵊縣。

張咸謁孔廟題名　正書，太和九年六月，在山東曲阜兗公頌碑側。

東都留守魏叔元墓志　李逕撰并正書，太和九年七月，今藏新安張氏。

王從政墓志　劉可記撰，正書，開成元年三月，甘肅靈臺出土。

馮宿神道碑　王超撰，柳公權正書，開成二年五月，陝西長安。

九經字樣　唐玄度撰，正書，開成二年八月，陝西長安。

國子學石刻十二經　正書，開成二年十月，陝西長安。

開成石經校記　正書，無年月，陝西長安。

張雋墓志　正書，開成三年十一月，今藏新安張氏。

商州上洛縣主簿孔望回墓志　韋承素撰，賀直方正書，開成三年十一月，今藏新安張氏。

大遍覺法師玄奘塔銘　劉軻撰，僧建初行書，開成四年五月，陝西長安。

衛君妻輔氏墓志　王頊撰，正書，開成四年八月，今藏北平端氏。

五經文字　張參撰，正書，開成四年，陝西長安。

李光顔碑　李程撰，廓虔正書，開成五年八月，山西榆次。

趙府君妻夏侯氏墓志并蓋　唐正辭撰，正書，開成五年十一月，湖北襄陽鹿門書院。

馬恆夫人郝氏墓志　正書，開成六年正月，山東館陶出土，今藏江蘇甘泉汪氏。

唐興寺殘碑陰　正書，無年月，末有金正隆三年僧子登題記。

陳太夫人蔣氏墓志　吕貞儉撰，正書，會昌元年二月，江蘇甘泉出土，今藏北平端氏。

王希庭墓志　正書，會昌元年，湖北襄陽鹿門書院。

李璆墓志　崔璵撰，裴儋正書，會昌元年十一月，洛陽出土，今藏河南圖書館。

大達法師玄秘塔碑 裴休撰，柳公權正書，會昌元年十二月，陝西長安。

楊公弼墓志 史翱撰，正書，會昌二年七月，長安出土，今藏陝西藍田閻氏。

包公夫人墓志 正書，會昌三年十二月，今藏浙江嘉興張氏。

申文獻公塋兆碑側題名 一高元裕，一少逸，皆正書，會昌四年五月，陝西醴泉。

朝陽巖李坦題名 正書，會昌四年，湖南零陵。

韋敏妻李氏墓志 于濆撰，正書，會昌五年正月，陝西興平出土，今藏陝西三原李氏。

柳氏長殤女墓志 柳仲郢撰，正書，會昌五年六月，今藏北平端氏。

魏邈妻趙氏墓志 王儔撰，行書，會昌五年十一月，陝西咸寧出土。

福林寺戒塔銘 柳公權正書，會昌六年正月。

衛景福墓志 衛增撰，正書，會昌六年十月，今藏北平端氏。

蓬萊觀碑 孫諫卿撰，貝靈該八分書，大中二年六月，浙江象山。

周公祠靈泉記碑 崔珙狀奏，正書，大中二年十月，陝西岐山。

林夫人墓志 褚符撰，正書，大中二年，福建閩縣出土。

王守琦墓志 劉景天述，正書，大中四年正月，今藏江南陽湖董氏。

佛頂尊勝陀羅尼經幢　行書，大中四年二月，末有「孤子元存劭存賞爲亡考七代及法界衆生造經幢一所」等語。

陸夫人孫氏墓志　正書，大中四年九月，浙江富陽出土。

翟君妻高氏墓志　正書，大中四年十月，陝西鄠縣出土，今藏北平端氏。

八關齋會報德記　顔真卿撰，正書，大中五年正月，河南商丘。

孟夫人墓志　楊瓌撰并正書，大中五年正月，陝西長安出土，今藏陝西藍田閻氏。

高元裕碑　蕭鄴撰，柳公權正書，無年月。《訪碑録》云大中六年十一月，河南洛陽。

東林寺殘碑　柳公權正書，年月泐。

魏公薔先廟碑銘　崔絢撰，柳公權正書，大中六年十一月，陝西。

萬夫人墓志　正書，大中六年十二月，今藏揚州江都汪氏。

東都留守魏弘章墓志　夏侯湘撰，正書，大中七年七月，今藏新安張氏。

圭峰定慧禪師碑　裴休撰并正書，柳公權篆額，大中九年十月，陝西鄠縣。

襄州節度押衙魯美墓志　李德玄撰，正書，大中十一年四月，湖北襄陽鹿門書院。

陀羅尼經幢序　正書，大中十二年四月，劉景孚建。

唐安寺比丘尼廣惠塔銘　正書，大中十二年七月，道光辛卯陝西韋曲出土。

信州玉山縣令盧公則墓志并蓋　正書，大中十三年十月，湖北襄陽鹿門書院。

鄭堡墓志　正書，大中十四年九月，河南洛陽出土，今藏河南圖書館。

隋河陰太守皇甫興墓志　正書，咸通三年，河北武强出土。

集賢直院官程修己墓志　男進思正書，咸通四年四月，陝西長安。

集州開元寺塔記　正書左行，咸通四年五月，四川南江。

王晟妻張氏墓志　李元中撰，子弘泰行書，咸通四年七月，北平西直門外出土，今藏山東棲霞牟氏。

□仲妻庾夫人墓志　從父兄道蔚撰，鍾韜正書，咸通癸未。按，癸未爲懿宗咸通五年。

李扶墓志　馬郎撰，正書，咸通五年二月，江蘇泰州出土，今藏浙江歸安吴氏。

高陽許夫人墓志　正書左行，咸通六年。

中岳廟記　李方郁撰，正書，咸通六年，河南登封。

應宗本墓志　李文師撰，正書，咸通六年十月，浙江臨海出土，今藏臨海劉氏。

尊勝陀羅尼經幢　正書，東都福先寺玉石幢本，咸通七年六月。

徐州功曹劉仕俌墓志　張元勿撰并正書，咸通八年正月，陝西長安出土，今藏江蘇太倉錢氏。

李彬妻宇文氏墓志　夫李彬撰，楚封正書，咸通八年八月，陝西長安出土，今藏北平端氏。

後魏洛州刺史馮王新廟碑　十二代孫元德述，弟元錫正書，咸通八年十一月，河南偃師。

内莊宅使劉遵禮墓志　劉瞻撰，崔筠正書，咸通九年十一月，陝西長安。

新修文宣王廟記　賈防撰，正書，咸通十年九月，山東曲阜。

文宣廟碑側　正書。

碧落碑釋文　鄭承規正書，咸通十一年七月，山西絳州。

守孟州司馬孫君墓志　孫徵撰，孫綱正書，咸通十一年八月，今藏新安張氏。

臥龍寺大悲心陀羅尼經　正書，咸通十二年正月，後有比丘洪雅等名，陝西咸寧。

甘泉院祥大師靈塔記　中山郎肅記、思采倫正書，咸通十二年閏八月。

清河長公主碑　正書，年月泐。

苗景符墓志　兄苗義符撰并正書，咸通十二年十二月，今藏新安張氏。

李北海殘碑　行書，年月泐。

來佐本墓志　正書，咸通十四年十一月，山東滋陽出土。

尊勝陀羅尼經石幢　正書，年月泐，京兆進士張鍊撰銘。

石刻高王經　正書，無年月。

華嚴經石幢　八分書，無年月無書人名氏，石高五尺餘。

金剛經石幢　正書，無年月。

尊勝陀羅尼經石幢　正書，咸通十五年三月，河北正定府署。

李氏墓志　韋厚撰，正書，乾符元年二月，今藏新安張氏。

楚州盱眙縣令鄭漬墓志　張玄宴撰，正書，乾符元年十月，今藏新安張氏。

瑯琊王夫人墓志　正書，乾符三年二月。

成君妻劉氏墓志　王頗述正書，乾符三年三月，江蘇句容出土，今藏北平端氏。

李顒墓志　裴璆撰，正書，乾符四年七月，今藏北平端氏。

楊發女子書墓志　兄檢正書，乾符五年十月，陝西長安出土，今藏北平端氏。

成君信墓志　正書，乾符五年十一月，山東益都出土，今藏益都荆氏。

宣州南陵縣尉張師儒墓志　正書，廣明元年十二月，蔡德章撰，男溥正書，今藏北平端氏。

孔府君墓地　正書，大順元年四月。

楊夫人李氏墓志　李貽厚撰并正書，大順二年正月，今藏北平端氏。

田尊師德行碑　正書篆額，年月泐。

潤德泉記　正書，無年月。

順義公碑　八分書，無年月。

德陽公碑　正書，文字剥蝕，篆額存，年月泐。

清河郡王紀功碑額　篆書。

太子太傅劉公碑額　篆書。

禮部尚書張府君碑額　篆書。

聞喜令蘇君碑額　正書。

華嚴九會殘碑　行書，年月泐，山西交城。

押衙王公墓志蓋　篆書，無年月，湖北襄陽鹿門書院。

襄陽郡張君墓志蓋　篆書，無年月，湖北襄陽鹿門書院。

著作郎張公墓志蓋　篆書，無年月，湖北襄陽鹿門書院。

五代

匡國軍節度使馮行襲德政碑　李宏懿正書，無年月，河南許州。

崇福侯廟記　錢鏐撰，行書，梁開平二年，浙江山陰。

穆徵君墓志　張峭撰，正書，梁開平四年十月，今藏北平端氏。

鍾公墓志　正書，梁開平五年四月，今藏河南洛陽存古閣。

王彦回墓志　蔣鑾元撰，正書，梁乾化五年閏二月，浙江鄞縣出土。

李琮造象　正書，梁乾化五年六月。

祠部員外郎賈郊文墓志　鄭山甫撰，正書，梁貞明元年五月，今藏新安張氏。

葛從周神道碑　薛廷珪撰，張璉行書，梁貞明二年十月，河南偃師。

蕭璋妻陸氏墓志　正書，梁貞明五年正月，江蘇常熟出土。

拜郊臺錢鏐題名　正書，梁龍德元年十一月，浙江錢唐。

檢校尚書右僕射蕭符墓志　姪蕭蘧撰，子蕭處謙正書，龍德二年七月，今藏新安張氏。

崔崇素墓銘　正書，梁龍德二年十一月，今藏浙江紹興范氏。

張承業墓碑　正書，後唐同光元年，山西交城，元至元間重摹本。

李存進碑　吕夢琦撰，梁邕正書，後唐同光二年十一月，山西太原。

吴夫人曹氏墓志　崔匡撰，正書，後唐同光三年正月，今藏河南圖書館。

程光遠等造佛塔讚　正書，後唐長興元年十二月。

毛夫人李氏墓志　張師古撰，葉嶢正書，後唐長興四年八月，洛陽出土，今藏江南吴興徐氏。

染山伏羲廟碑　正書，後唐長興四年十二月，山東滕縣。

普光大師塔銘　皮光業撰，正書，後唐應順元年五月，浙江臨安功臣山浄度寺。

華嶽廟楊凝式題名　行書，後唐清泰二年，陝西華陰。

張夫人高氏墓志　李鎮儀撰，正書，後唐清泰三年九月，河南洛陽出土。

建雄節度使相里金碑　李相撰，成知訓正書，後晉天福五年，山西汾陽。

博陵崔氏墓志　王璘正書，後晉天福六年十一月，今藏新安張氏。

張德明墓志　丁拙撰并正書，後晉天福八年正月，今藏日本東京文科大學。

錢文穆王神道碑　和凝撰，權令詢行書，後晉天福八年四月，浙江錢唐。

史匡翰碑　陶穀撰，閻玫光遠行書，後晉天福八年六月，山西太原。

王廷胤墓志　蘇畋撰，正書，後晉開運元年九月，河南洛陽出土。

移文宣王廟記　馮道撰，楊思進行書，後晉開運三年正月，陝西大荔。

思道和尚塔銘　僧守正撰，崔虚己正書，後漢乾祐二年正月，山西夏縣。

父母恩重經　正書，孟知進造，後漢乾祐三年，山東寧陽。

恩重經碑側　正書。

司農卿邢德昭墓志　王成允撰，正書，後漢乾祐三年四月，今藏新安張氏。

王進威墓志　正書，後周廣順元年九月，今藏新安張氏。

馬從徽墓志　王覃撰，正書，後周廣順二年八月，河南洛陽出土。

晉陽山摩崖題字　正書，後周廣順二年，山東濟寧。

俞襄墓志　崔鐸撰，正書，後周顯德元年十月，浙江臨海出土，今藏臨海陳氏。

監門衛將軍兼御史劉光贊墓志　郭紀撰，正書，後周顯德元年十一月，今藏新安張氏。

郭進屏盜碑　杜韡撰，孫崇望行書，後周顯德二年五月，河南汲縣。

郭進碑陰　正書。

韓通夫人董氏墓志　楚光祚正書，後周顯德二年九月，河南洛陽出土，今藏洛陽存古閣。

景範神道碑　扈載撰，孫崇望行書，後周顯德三年十二月，山東鄒平。

太子太師宋彦墓志　高弼撰，高繼昇正書，後周顯德五年十月，今藏新安張氏。

孟璠墓志　正書，吴楊行密天祐十二年閏二月，今藏江蘇儀徵張氏。

尋陽公主墓志　危德興撰，正書，吴乾貞三年三月，江蘇揚州出土。

王仁遇墓志　正書，吴太和七年六月，江蘇揚州出土。

光化大師塔銘　歐陽熙撰，蔡茂成正書，吴天祚二年七月，江西南昌。

石瑛墓志　朱仲武撰并正書，北漢劉鈞天會八年四月，今藏山東諸城劉氏。

李夫人朱氏墓志　許九言撰，正書，岐李茂貞顯德五年正月，陝西岐山出土。

崇妙保聖堅年塔銘　林同穎撰，僧無逸正書，閩王延鈞永隆□年，福建閩縣。

朱行光墓志　謝鶚撰，正書，吴越錢鏐天寳元年十一月，浙江海鹽出土。

德化銘　楊才照撰，正書，南漢劉龑元亨二年七月，雲南姚縣。

崇雅堂碑録卷之三終

崇雅堂碑録卷之四

潛江甘鵬雲耐公編

北宋

太子太師王守恩墓志 楊廷美撰，正書，建隆元年二月，今藏新安張氏。

韓通墓志 陳保衡撰，正書，建隆元年二月，今藏河南洛陽存古閣。

邊敏墓志 姪魯撰，正書，建隆元年十二月，河北任丘。

佛説温室洗浴衆生經 行書，建隆二年二月。

重修文宣王廟記 劉從義撰，馬昭吉行書，建隆三年八月，陝西長安。

唐尚書杏氏墓銘 楊弼撰，錢旻正書，建隆三年。

朱君墓志 正書，建隆四年，河南臨漳出土。

佛頂尊勝陀羅尼經 正書，乾德元年正月，太原郡韓進造。

長安縣君始平馮氏墓志 正書，乾德二年二月，今藏新安張氏。

楊光贊墓志 宋白撰，正書，乾德三年四月，今藏新安張氏。

千字文 僧夢英篆書，袁正己正書，乾德三年十二月，陝西長安。

陀羅尼經石幢 正書，乾德五年二月。

篆書千字文序 陶穀撰，皇甫儼正書，乾德五年九月，陝西長安。

摩利支天經 袁正己正書，乾德六年十月，陝西長安。

陰符經 袁正己正書，有圖，乾德六年十一月，刻於《摩利支天經》之下方，陝西長安。

元寂禪師塔碑 韓熙載撰，張藻正書，開寶二年，江西吉水。

尚書左僕射牛孝恭墓志 正書，開寶三年十月，今藏新安張氏。

牛宗諫墓志 正書，開寶三年十月，河南洛陽出土。

馬測墓志 正書，開寶三年十月，今藏河南圖書館。

新修周武王廟碑銘 盧多遜撰，孫崇望行書，開寶六年十月，陝西咸陽。

新修唐太宗廟碑銘 李瑩撰，孫崇望行書，開寶六年十月，陝西醴泉。

商成湯廟碑　李瑩撰，張仁愿正書，開寶六年，河南滎縣。

漢光武廟碑　蘇德祥撰，孫崇望行書，開寶六年，河南孟津。

資教大師卵塔記　正書，開寶六年，今藏上虞羅氏。

商中宗廟碑　梁周翰撰，司徒儼行書，開寶七年四月，河南内黄。

倉頡廟碑　韓從訓撰，韓文正行書，開寶八年，陜西白水。

倉頡廟碑陰碑側　正書。

同州龍興寺東塔銘　正書，開寶八年四月，陜西大荔。

光禄大夫孫漢筠墓志　張賀撰，正書，開寶八年五月，今藏新安張氏。

老君常清浄經　龐仁顯正書，太平興國五年三月，陜西長安。

重書夫子廟堂碑　唐程浩撰，夢英後序并正書，太平興國七年六月，陜西長安。

龍興寺新修三門記　王禹偁撰，司徒儼行書，太平興國七年閏十二月，山東滋陽。

三門記碑陰　正書。

顔氏家廟碑跋　夢英正書，太平興國七年，陜西長安。

馮繼業妻墓志　宋白撰，正書，太平興國八年五月，今藏新安張氏。

重修兖州文宣王廟碑　吕蒙正撰，白崇矩正書，太平興國八年十月，山東曲阜。

文宣王廟碑陰　正書。

普安和尚塔記　正書，太平興國九年三月，山西壽陽昭化寺。

大理評事祖仲宣墓志　左貞撰，正書，端拱元年十月，今藏新安張氏。

崔夫人墓志　正書，端拱二年十二月，今藏洛陽存古閣。

温仁朗墓志　魏庠撰，張幹正書，淳化元年十二月，今藏吴興徐氏。

曹州乘氏縣令梁文獻墓志　句中正撰，淳化四年十一月，今藏新安張氏。

峴山延慶寺廣惠塔銘　潘平撰，僧信天正書，淳化五年，湖北襄陽。

廣惠塔銘碑陰　正書。

尚書兵部郎中源護墓志　楊世英撰，樂爲光正書，至道二年十一月，今藏新安張氏。

慧通禪院歸柔和尚碑　饒光輔撰，蕭賁正書，至道三年，湖北京山。

符昭原墓志　陳慎封撰，李仁燧正書，至道四年八月，今藏河南圖書館。

寄贈夢英大師詩　陶穀等三十二人作，僧正蒙正書，咸平元年正月，陝西長安。

回山重修王母宫記　陶穀撰，僧夢英行書，咸平元年，陝西涇陽。

珣公卵塔記　正書，咸平二年九月，山東長清靈巖寺。

説文字原并自序及郭忠恕答書　字原篆書，自序、答書俱夢英正書，咸平二年，陝西西安。

殿中丞源崇墓志　李乾貞撰，李堯臣正書，咸平三年十月，今藏新安張氏。

謁岳祠記　江仲甫撰，何淑正書，咸平四年閏十二月，陝西華陰。

向榮墓志　正書，咸平五年八月，安徽太湖出土。

殿中丞張曙墓志　魏用撰，楊儼正書，咸平六年三月，今藏新安張氏。

敕修文宣王廟牒　正書，景德三年二月，山東曲阜。

西京都監院吴元吉墓志　王深撰，劉惟清正書，景德四年正月，今藏新安張氏。

廣平宋可度墓志　商敦古撰，相里及正書，大中祥符元年十一月，今藏新安張氏。

封祀壇頌　王旦撰，裴瑀行書，大中祥符二年七月，山東泰安。

龍門銘　真宗御製并正書，大中祥符四年三月，河南洛陽。

大中祥符四年石刻　八分書，陽文。

石保興神道碑　楊億撰，尹熙古行書，大中祥符四年十二月，河南洛陽。

重刊唐旌儒廟碑　唐賈至撰，徐珽正書，大中祥符五年五月，陝西臨潼。

曾致堯墓志　王安石撰，正書，大中祥符五年五月，江西南豐出土。

重修淮瀆長源公廟碑　路振撰，楊昭度行書，大中祥符七年十一月，河南桐柏。

修橋碑記　裴瑀行書，大中祥符九年七月。

蔡元卿墓志　劉槩撰，張擇賓正書，天禧二年四月，山東益都永固村出土。

敕賜凝真觀牒　正書，天禧三年，山西聞喜。

敎興頌　馬應撰，唐英篆書，天禧三年五月，陝西長安，刻虞世南夫子廟堂碑陰。

張郁墓志　嚴儒撰，行書，天禧四年閏十二月，河南洛陽出土。

再謁岳祠記　范雍撰，正書，天聖元年九月，陝西華陰。

卞壼墓碣　葉清臣正書，無年月，江蘇江寧。

勤慎刑文　晁迥撰，正書，天聖六年二月，陝西長安。

河亭記　文彦博正書，天聖六年，山西翼城。

孔勗祖廟祝文　孔彦輔正書，天聖六年三月，山東曲阜。

慎刑箴并序　晁迥撰，盧經正書，天聖六年五月，陝西長安。

裴公墓志　薛紳撰，祝熙載正書，天聖九年十一月，河南新鄭出土。

凝真觀碑　喬林撰，張廷隱正書，天聖九年，山西聞喜西關。

李氏墓志　李諮撰，子力正書，天聖十年二月，河南新鄭出土。

尊勝石幢記　沙門德政正書，明道二年正月。

神山縣浄居詩刻　張仲尹行書，明道二年。

符承煦墓志　高隱之撰，王載正書，明道二年十二月，今藏河南圖書館。

尚書員郎焦宗古墓志　李昭遘撰，王戴正書，景祐元年二月，今藏新安張氏。

孔道輔祖廟祭文　張宗益正書，景祐二年六月，山東曲阜。

兖州仙源縣文宣王廟新建講堂記　成昂撰，孫正己正書，景祐四年七月，山東曲阜。

三游洞歐陽永叔丁元珍題名　正書，景祐四年，湖北宜昌。

五賢堂記　孔道輔撰，行書，景祐五年，山東曲阜。

衛廷諤妻高氏墓志　李之才撰，正書，寶元二年八月，河南孟縣出土。

邢州大安山封巒寺碑　石介撰，僧紹珍正書，康定二年，河北沙河。

石氏墓表　石介撰，王建中正書，康定二年八月，山東泰安。

相公廟記　王覺述并行書，慶曆七年。

謁華岳祠記 施昌言撰，八分書，慶曆七年十月，陜西華陰。

謁華岳記 田況撰，正書，慶曆八年，河北定州。

閲古堂記 韓琦撰，正書，慶曆八年，河北定州。

張素墓域刻陀羅尼經序 董師旦撰，孫男張友諒正書，慶曆八年九月，河南洛陽。

雲門山富弼等題名 正書，慶曆八年十月，山東益都。

中山劉再思墓志 王復撰，劉濟書，慶曆八年十月，今藏新安張氏。

北岳廟記并碑陰 韓琦撰并正書，皇祐元年正月，河北曲陽。

文彦若墓志 張芻撰，正書，皇祐三年十月，今藏洛陽存古閣。

范氏義莊伯夷頌 范仲淹正書，皇祐三年，後有文彦博、富弼、蘇舜欽、晏殊、杜衍詩，賈昌朝題跋，元大德庚子刻石，江蘇吴縣。

浯溪狄青題名 行書，皇祐四年，湖南祁陽。

王仲芳墓志 冀膺撰，正書，皇祐五年，山西榆次出土。

薛睦墓表 歐陽修撰，正書，至和元年十月，山西絳州。

晉祠碑陰余藻題名 正書，至和二年，山西太原。

范仲淹神道碑　歐陽修撰，王洙八分書，至和三年二月，河南洛陽。

柳子厚祠堂記　柳拱辰撰，正書，無年月，湖南零陵。

僧彦脩草書　李丕緒題，嘉祐戊戌。按，戊戌爲嘉祐三年。山西解州。

萬安橋記　蔡襄撰并正書，嘉祐四年十二月，福建晉江。二份。

尚書員外郎任孚墓志　盧震撰，正書，嘉祐五年十月，今藏新安張氏。

司馬沂墓表　王安石撰，雷簡夫正書，嘉祐五年十一月，山西夏縣。

劉蒙伯墓碣　蔡襄撰并正書，嘉祐六年四月，福建閩侯。

醉翁亭記　歐陽修撰，蘇唐卿篆書，嘉祐七年十月，山東費縣。

狄武襄公神道碑　王珪撰，宋敏求正書，嘉祐七年十一月，山西汾陽。

韓愷墓志　韓琦撰并正書，嘉祐七年十一月，河南安陽韓魏公祠。

韓愈五箴　李寂篆書，嘉祐八年二月，陝西西安。

張備墓志　張載正書，嘉祐八年十月，今藏山東蓬萊張氏。

三游洞張告等題名　正書，治平元年，湖北宜昌。

三游洞張景儉等題名　正書，治平二年，湖北宜昌。

賈黯墓銘　呂夏卿撰，宋敏求正書，治平三年，河南鄧縣出土。

申氏墓志　李藩撰，田經正書，治平三年九月，今藏新安張氏。

淡山岩周敦頤題名　正書，治平四年三月，湖南零陵。

南海廟碑　章望之撰，曹鷺正書，治平四年十月，廣東南海。

温泉箴　唐張説撰，楊方平正書，治平四年十月，陝西臨潼。

晉祠王安禮題名　正書，熙寧元年三月，山西太原晉祠碑陰。

瀧岡阡表　歐陽修撰并正書，熙寧三年四月，江西廬陵。

瀧岡阡表碑陰　正書。

華嶽廟楊遂題名　正書，熙寧三年七月，在後周華嶽廟碑正面之左，陝西華陰。

晉太尉稽公廟碑　韓琦撰并正書，熙寧三年八月，河南湯陰。

司馬諮墓表　司馬光撰，鈕天錫正書，熙寧三年十月，山西夏縣涑水南原。

臥羊山黄庭堅等題名　正書，熙寧三年，河南葉縣。

謁華嶽祠記　劉忱撰，正書，熙寧四年四月，在後周華嶽廟碑上，陝西華陰。

姚夫人米氏墓志　子焕撰并正書，熙寧五年五月。

姚夫人李氏墓志　子煇撰，正書，熙寧五年五月，今藏新安張氏。

石鼓山劉莘老題名　正書，無年月。錢竹汀考莘老之題當在熙寧五年。湖南衡陽。

李忠信墓表　姜濳撰，郭粲正書，熙寧五年，山東泰安。

石屋洞蘇軾等題名　正書，熙寧六年二月，浙江錢唐。

劉航等謁華岳祠記　正書，熙寧六年八月，在後周華岳廟碑右旁，陜西華陰。

善感禪院新井記　僧慧觀正書，熙寧七年正月。

司馬浩墓表　司馬光撰，范正民正書，熙寧八年九月，山西夏縣。

米黻題浯溪詩　行書，熙寧八年十月，湖南祁陽。

韓忠獻公墓志　陳薦撰，宋敏求正書，熙寧八年十一月，河南安陽韓魏公祠。

黄樓賦　蘇軾撰，正書，熙寧十年，江蘇銅山。

表忠觀碑　蘇軾撰，正書，元豐元年八月，明人重刻本，浙江錢唐。

舒夫人李氏墓志　張端撰，王森正書，元豐元年十二月，今藏新安張氏。

張沂墓志　李先撰，正書，元豐二年正月，湖北漢陽出土。

韓忠獻公祠堂記　郭時亮撰，滕中正書，元豐三年正月，河北定州。

石祖方墓志 王史撰，范澄正書，元豐三年九月，今藏新安張氏。

武昌西山蘇軾題名 正書，元豐三年，湖北武昌西山。

乳母任氏墓志 正書，元豐三年十月，湖北黄岡縣署雪堂牆壁。有複刻本。

劉四郎墓志 正書，元豐四年正月，今藏北平端氏。

義宗和尚塔記 王宥記，正書，元豐五年十月，山西稷山。

歐陽修跋昭仁寺碑 張淳正書，元豐五年十一月，陝西長安。

天和寺詩碣 蘇軾撰，行書，陝西扶風，元豐癸亥陳雄刻石。按，癸亥爲元豐六年。

韓魏公祠堂記 司馬光撰，蔡襄正書，元豐七年六月，河南安陽，在《書錦堂記》之陰。

孫道敏墓志 劉輔撰，李安民正書，元豐七年十月，山東鄒縣出土。

南山家人卦摩崖 司馬光八分書，無年月，浙江錢唐。温公家人卦石刻除浙江外尚有三刻，一在廣西，一在陝西，一在四川中江。中江本寶慶三年七月刻。

南山艮卦摩崖 司馬光八分書，無年月，浙江錢唐。

南山中庸摩崖 司馬光八分書，無年月，浙江錢唐。

南山樂記摩崖 司馬光八分書，無年月，浙江錢唐。

范夫人劉氏墓志　范子修撰，正書，元祐元年五月，今藏新安張氏。

杜氏墓志　李琚撰，杜大中正書，元祐元年，河南輝縣出土。

司馬文正公神道碑　蘇軾撰并正書，元祐二年正月，山西夏縣。

王得君墓志　李之儀撰并正書，元祐二年九月，河南新鄭出土。

顔魯公祠堂碑　米芾撰，正書，元祐三年九月，山東費縣。

郝夫人朱氏墓志　朱嬰撰并正書，元祐三年十一月，今藏洛陽存古閣。

潞州紫岩禪院大悲殿記　張商英撰，范子奇書，元祐四年，山西潞安。

李衛公神道碑陰記　游師雄撰，王持行書，元祐四年二月，陝西醴泉。

比干墓碑陰題記　宋适撰，林舍行書，元祐五年九月，河南汲縣。

京兆府學新移石經記　黎持撰，安宜之正書，元祐五年九月，陝西長安。

阿育王寺宸奎閣碑　蘇軾撰并正書，元祐六年正月，明萬曆間重刻，末有萬曆乙酉郡守蔡黄易跋，浙江鄞縣。

吴天璽紀功碑胡宗師題名　行書，元祐六年三月，江蘇江寧。

滿庭芳詞　蘇軾撰，正書，元祐六年十月，明嘉靖間刻石，湖北黄岡。

浪淘沙詞　蘇軾撰，行書，無年月，湖北黄岡。

醉翁亭記　歐陽修撰，蘇軾行書，元祐六年十一月，安徽滁州。

韓文公廟碑　蘇軾撰，正書，元祐七年三月，明成化間重刻，廣東海陽。

顔文忠公新廟記　曹輔撰，秦觀正書，元祐七年四月，山東費縣。

新廟記碑陰　米芾，行書。

孔師祖墓志　王若撰，孔宗哲正書，元祐七年十一月，山東阜孔廟。

孔彦輔墓碣　篆書，旁字正書，元祐七年十一月，山東曲阜孔廟。

重書孝女曹娥碑　蔡卞行書，元祐八年正月，浙江上虞。

重書阿房宫賦　游師雄後記，安宜之正書，元祐八年六月，陝西長安。

玉泉院游師雄題名　正書，元祐九年正月。

中山松醪賦　蘇軾撰，行書，元祐九年二月，四川巴州。

洋州園池詩　蘇軾撰，行書，無年月。

陽羨帖　蘇軾撰，行書，無年月，與上二種合刻一石。

温泉游師雄題名　正書，元祐九年四月。

雪浪石盆銘　蘇軾撰并行書，紹聖元年四月，河北定州。

張重題昭仁寺碑後　正書，謂碑爲虞世南少時書，紹聖元年七月，陝西長安。

隋靈裕法師傳　釋德殊撰，小童師慶正書，紹聖元年十二月。

三游洞黄庭堅等題名　正書，紹聖二年，湖北宜昌。

草堂寺薛嗣昌詩刻　行書，紹聖二年九月，陝西鄠縣。

行香子詞　蘇軾撰，正書，紹聖二年九月，湖北黄岡。

雪堂二字　蘇軾正書，紹聖二年，湖北黄岡。

符補之墓志　正書，紹聖二年十一月，今藏新安張氏。

賈使君碑陰記　温益撰，行書，紹聖三年七月，山東滋陽。

游師雄墓志　張舜民撰，邵䶵正書，紹聖四年十月，陝西長安，安民刻。

段擇墓志　正書，紹聖五年五月，今藏新安張氏。

峴山岑巖起題名　正書，元符元年六月，湖北襄陽。

謫居黔南詩　黄庭堅撰并行書，元符二年。

韓宗道墓志　曾肇撰，趙挺之正書，元符二年七月，河南許縣出土。

臨江仙詞　蘇軾撰，正書，無年月，江西宜春。

超然臺賦 蘇轍撰，蘇軾正書，無年月，山東諸城。

豐樂亭記 蘇軾正書，無年月，明嘉靖間重刻，安徽全椒。

柳子厚羅池銘 蘇軾正書，無年月，廣西馬平。

梅花石刻 蘇軾畫，無年月，湖北黄岡。

草堂寺孫竦等題名 行書，建中靖國元年五月 陝西鄠縣

成延年墓志 張羽撰，正書，崇寧元年三月，今藏新安張氏。

湘南樓記 正書，崇寧元年，廣西臨桂。

林敬修墓志 正書，崇寧二年九月，湖北蘄水出土。

浯溪詩 黄庭堅撰，行書，崇寧三年三月，湖南祁陽。

邵公輔墓志 正書，崇寧四年，山東濰縣出土。

幽蘭賦 黄庭堅草書，無年月。

太白憶舊游詩 黄庭堅草書，無年月，道光中張石洲重摹刻。

修郭巨石室題記 郭革撰，正書，崇寧五年，山東肥城。

元祐黨籍碑 蔡京正書，崇寧五年，有慶元戊午饒祖堯跋，廣西臨桂。

慧悟女墓銘　正書，崇寧五年九月，河南洛陽出土。

孔聖手植檜贊　米芾行書，無年月，山東曲阜。

尹楫墓志　尹焞撰并正書，大觀元年九月，河南新安出土。

朝請郎范煇墓志　元埴撰，元坦正書，大觀三年十一月，今藏新安張氏。

右侍禁宋元孫墓志　張克復撰并正書，大觀四年十一月，今藏新安張氏。

范子舟墓志　陳述之撰，范坦正書，大觀四年十一月，今藏新安張氏。

露筋祠碑　米芾撰，行書，無年月，江蘇高郵。

尹夫人陳氏墓志　尹焞撰，正書，政和元年二月，河南新安出土。

鄭羲碑後高郵秦峴等題名　正書，政和三年，山東掖縣。

洪山報恩禪師塔銘　范柀撰，韓韶正書，政和三年四月，湖北隨州。

王士英墓志　李彝撰，宋元常正書，政和四年十月，今藏新安張氏。

范氏墓志　李彝撰，宋元常正書，政和四年十月，今藏新安張氏。

先聖祠夏鰭題名　正書，政和丙申。按，丙申爲政和六年。

趙和墓志　裴公輔撰并正書，政和六年八月，山西汾陽出土。

武安王廟記　阮升卿撰，吕唐叟行書，政和七年九月，山西聞喜。

陳明叟墓志　陳宣之撰，正書，政和八年九月，今藏北平端氏。

蘭陵伯荀卿廟碑　行書，政和八年，山東蘭山。

王氏墓志　劉唐元撰，王皐正書，政和八年九月，洛陽出土，今藏吴興徐氏。

面壁之塔四大字　蔡京榜書，范致虚刻石，宣和四年壬寅，河南登封。

安陸四賢堂碑　張耒撰，蘄敬功正書，宣和五年，湖北應山。

趙琢墓志　正書，宣和八年閏九月，今藏新安張氏。

道楷法師碑　王彬撰，范寅亮正書，靖康二年四月，湖北隨州。

南宋

寶陀巖李伯紀題名　正書，建炎三年，湖北武昌。

吴積中妻許氏壙志　正書，建炎三年九月，浙江温縣出土。

德禪師塔銘　孫偉正書，建炎四年三月，浙江臨海。

滿江紅詞　岳飛撰并正書，無年月，河南湯陰。

青原飯僧詩刻　李綱撰，行書，無年月，江西星子。

王景道妻賈氏墓志　八分書，紹興六年十月，四川犍爲。

前後出師表　岳飛草書，紹興八年，河南南陽武侯祠。

李洵直墓志　李安仁撰，樊任續正書，紹興十二年十一月，四川綿縣左綿鄉出土。

義莊范文正公象讚　閻灝撰，宋之才正書，紹興二十年，江蘇吴縣。元至正己丑立石。

李集妻楊氏墓志　正書，紹興二十一年二月，湖北咸寧出土。

三游洞吕叔龔題名　正書，紹興壬申。按，壬申爲紹興二十二年，湖北宜昌。

慧照禪師塔銘　榮嶷撰，吴説行書，紹興二十三年七月，湖北隨州。

浄嚴大師塔銘　馮楫撰，吴説行書，紹興二十六年，湖北隨州。

楚國太夫人周氏墓志　康執權撰并正書，紹興二十九年，浙江温縣出土。

追復岳武穆告語　正書，紹興三十二年十月，浙江錢唐。

焦山陸游題名　正書，隆興二年閏月，江蘇丹徒。

焦山陸游續題名　正書，乾道元年，江蘇丹徒。

崑山縣校官碑　范成大撰，黄萬頃八分書，乾道二年正月，江蘇崑山。

校官碑陰　行書。

朝陽亭記　張孝祥撰，正書，乾道二年五月，廣西臨桂。

崇安縣學三公祠記　朱熹撰，八分書，乾道四年五月，福建崇安。

張謙墓志　陸九齡撰，沈焕正書，乾道五年九月，浙江金華出土。

三游洞徐宗偃題名　正書，乾道癸巳。按，癸巳爲乾道九年。湖北宜昌。

碧虚銘　范成大撰，正書，淳熙元年十二月，廣西臨桂。

石門張伯山等題名　正書，淳熙四年，陝西褒城。

劉子羽神道碑　朱熹撰并行書，張栻篆額，淳熙六年。

泉州韓忠獻公祠記　梁克家撰，韓彦直正書，淳熙六年四月，福建晉江。

三游洞韓子常題名　正書，淳熙己亥。按，己亥爲淳熙六年，湖北宜昌。

程晉夫人胡氏墓志　周必大撰，正書，淳熙六年八月，安徽黟縣。

三高祠記　范成大撰，正書，淳熙六年八月，江蘇吴江。

王典孫墓表　馬騏撰，黄然正書，淳熙七年十月，四川榮縣。

趙士盱墓志　正書，淳熙八年，江蘇句容。

趙不沴墓志　楊興宗撰，正書，淳熙九年二月，江蘇常熟。

明悟大師塔銘　正書，淳熙九年，湖北隨縣。

玉盆晏德廣等題名　八分書，淳熙十一年，陝西褒城。

玉盆石邵晏袤等題名　八分書，淳熙十二年三月，陝西褒城。

薛良朋壙志　正書，淳熙十三年，浙江温縣。

石門文岡等題名　正書，淳熙十四年二月，陝西褒城。

陳達善墓志　黄裳撰并正書，淳熙十四年十一月，浙江臨海。

三游洞王叔明題名　正書，歲在戊申，無年號。按，戊申爲孝宗淳熙十五年。湖北宜昌。

三游洞王叔簡題名　正書，無年月，湖北宜昌。

吴提壙志　正書，淳熙十五年，今藏浙江瑞安吴氏。

石門宋之源題名　正書，淳熙十五年二月，陝西褒城。

石湖二大字　孝宗賜，范成大正書，無年月，江蘇吴縣。

黄公墓志　正書，淳熙十五年十一月，江西南豐。

石門張伯山等題名　正書，淳熙十六年閏月，陝西褒城。

楊萬里等題名　行書，淳熙十六年十二月，安徽盱眙。

書韓退之合江亭詩　張栻行書，無年月，湖南衡陽。

林磻叟墓碣　正書，紹熙二年十二月，浙江温縣。

蒙泉二大字　張該正書，紹熙三年，湖北荆門。

山河堰落成記　晏袤撰，八分書，紹熙五年，陝西褒城。

晏袤山河堰賦　八分書，紹熙五年，陝西褒城。

漢鄐君碑題記　晏袤撰，八分書，紹熙五年，陝西褒城。

漢鄐君修道碑釋文　晏袤正書，無年月，陝西褒城。

三游洞鄭郥題名　正書，紹熙甲寅。按，甲寅爲紹熙五年。湖北宜昌。

三游洞汪必進題名　正書，紹熙甲寅。按，甲寅爲紹熙五年。湖北宜昌。

晉潘宗伯等題名并跋　晏袤八分書，慶元元年，陝西褒城。

三游洞常季望題名　正書，慶元丙辰。按，丙辰爲慶元二年。湖北宜昌。

靈泉寺碑　張商英撰，鄧洵武正書，慶元二年，湖北隨州。

玉盆閭邱資深等題名　八分書，慶元二年二月，陝西褒城。上有「玉盆」二大字，亦八分書。

石門趙公茂等題名　正書，慶元二年三月，陝西褒城。

王信墓志　正書，慶元二年，浙江麗水。

王信妻郭碩人墓志　戴溪撰，何澹行書，慶元二年，浙江麗水。

華嚴寺碑　陸游撰，行書，慶元五年，明嘉靖間重刻。

周夫人墓志　謝深甫撰，王伋正書，慶元五年十二月，浙江臨海。

周子拙賦　朱熹行書，無年月，湖南衡陽。又八分書，不著名氏。

白鹿洞賦　朱熹撰，行書，無年月，江西德江。

書易有太極一段　朱熹行書，無年月，明崇禎間屈鍾嶽刻石，山西大同。

二宋二陸新祠記　張起巖撰，正書，嘉泰元年，湖北應山。

劉氏墓銘　史安之撰，行書，嘉泰二年十一月，浙江餘姚。

郭晞宗墓志　何澹撰并正書，開禧元年十二月，浙江仙居。

上泉寺劉光祖題名　行書，嘉定元年，湖北荆門。

忠烈廟碑　胡銓撰，樓鑰正書，嘉定五年，江蘇江寧。

林宓墓銘　郭磊卿撰并正書，嘉定六年五月，浙江仙居。

潼川靈護廟碑　李壁撰，范子長正書，嘉定六年，四川三臺。

朱偉壙志　正書，嘉定八年十一月，浙江温縣。

李杞墓志　杜㭊述正書，嘉定十三年六月，湖北襄陽。

重刊孔子廟碑　唐韓愈撰，陳孔碩篆書，嘉定十七年，浙江麗水。

石門劉炳先等題名　字體兼隸楷，寶慶二年，陝西褒城。

玉盆曹濟之龐公巽等題名　八分書，紹定二年三月，陝西褒城。

無垢居士像贊　張九成自題，正書，紹定二年，浙江海寧。

御書閣記　李嗣伯撰，正書，紹定三年，湖北南漳。

中庸刻石　古括朱協極八分書，紹定壬辰。按，壬辰爲理宗紹定五年。

南雄州新建四先生祠記　真德秀撰，田圭正書，端平元年，廣東保昌。

王洤墓志　江朝宗撰，正書，嘉熙三年十一月，浙江臨海。

補書蔡邕九疑山碑　李挺祖八分書，淳祐六年八月，湖南九疑山玉琯巖。末有潼川李襲之題記。

元次山朝陽巖記　田山玉八分書，甲寅中秋，湖南零陵。按，甲寅爲理宗寶祐二年。

賀祕監祠逸老堂記　吴潛撰，張即之行書，開慶元年，浙江鄞縣。

王復齋墓志　劉叡撰，潛説友正書，咸淳九年十二月，浙江青田。

遼

守静大師塔碑　張明撰，正書，遼應曆十一年四月，北平房山開天寺。按，遼應曆十一年當宋太祖建隆二年。

重修獨樂寺碑　劉成撰，正書，統和四年，河北薊縣。按，重熙五年當宋仁宋景祐三年。

廣濟寺碑　宋璋撰，正書，重熙五年，河北寳坻。按，重熙五年當宋仁宗景祐三年。

張思忠墓志　柴德基撰，正書，重熙十四年十月，奉天出土。按，重熙十四年當宋仁宗慶曆五年。

四大部經成就碑記　趙遵仁撰，王詮正書，遼道宗清寧四年三月，河北涿州白帶山雲居寺。按，清寧四年當宋嘉祐三年。

憫忠寺慈智大師經幢記　正書，遼道宗壽昌五年四月，北平大興。按，壽昌五年當宋哲宗元符二年。

定覺寺碑　張銑撰，天慶二年，奉天安東。按，天慶二年當宋徽宗政和二年。

涿州雲居寺石經塔記　正書，天慶八年五月，河北涿州雲居寺。

金

普濟大師墓志 正書，天會四年六月，河南涉縣。按，天會四年當宋欽宗靖康元年。

重修廟學記 劉光國撰，正書，天會十二年，河北大城。按，天會十二年當宋高宗紹興四年。

汾水葬枯骨記 李致堯撰并正書，皇統二年，山西平遥。

沂州普照寺碑 仲汝尚撰，集柳公權正書，皇統四年十月，山東蘭山。或稱瑯琊臺碑。

金堆寺碑 張邦彦撰，正書，皇統九年四月，山東福山。

臘雪詩石刻 米元章草書，皇統中摹刻。

重修微子廟記 楊漢卿撰，正書，天德三年，河南商丘。按，天德三年當宋高宗紹興二十一年。

龍泉寺碑記 侯邦達撰，正書，大定三年，河北永清。

鄭公墓志 正書，大定三年，今藏山東益都段氏。

廣濟寺牒 正書，大定三年，河北寶坻。按，大定三年當宋孝宗隆興元年。

珪公塔銘 智深撰，米義行書，大定十年正月，河北獲鹿西南海螺山。

聞喜縣裴氏家譜序　正書，大定十一年，山西聞喜。

大清觀碑　喬扆撰，正書，大定十四年，山西沁源。

崔國華墓志　正書，大定十四年，河南涉縣。

晉先軫廟碑　趙揚撰，耶律質正書，大定十五年，山西遼縣。

潭柘寺奇和尚塔銘　僧廣善撰，姚亨會正書，大定十五年，河北薊縣。

西京普恩寺重修大殿記　朱弁撰，孔固正書，丁暐篆額，大定十六年，山西大同。

楊文宗墓志　楊甫正書，大定十六年九月，河北淶水婁村。

貞憲王完顔希尹碑　王彦潛撰，任詢正書，左光慶篆額，大定十七年，吉林小城子。

完顔婁室碑　王彦潛撰，任詢正書，左光慶篆額，大定十七年，吉林伊通州邊門外。碑已佚。

真相院重摹東坡施金帖　行書，後有劉資跋，大定十八年，山東長清。

憫忠寺禮部令史題名記　党懷英撰，行書，大定十八年，河北大興。

斛律光墓志　孫鎮記，男守貞正書，大定二十年八月，山西絳縣。

博州廟學記　王去非撰，王庭筠行書，大定廿一年六月，山東聊城。

廟學碑陰記　王遵古撰，王庭筠行書，大定二十一年六月，山東聊城。

華州城隍神新廟記　張建撰，蔚文正書，大定二十四年十月，陝西華陰。

得勝陀碑　趙可撰，孫侯正書，党懷英篆額，大定二十五年，吉林伯都訥。

冀天寵墓表　郝天麟撰，正書，大定二十五年，山西太谷。

李植墓表　馬太初撰，正書，大定二十五年十二月，山西長治。

涿州重修文宣王廟記　黄久約撰，李嗣周正書，大定二十七年正月，河北涿州。

潭柘寺言禪師塔銘　祖敬撰，正書，大定二十八年六月，北平西山。

張仲偉墓表　正書，明昌元年，陝西鄜縣。按，金明昌元年當宋光宗紹熙元年。

三綱寺佛塔銘　正書，明昌元年十二月。

太原府學碑　趙渢撰，正書，明昌二年，山西陽曲。

大興府張文英頂幢銘　正書，明昌三年閏二月。

李槩神道碑　高德裔撰，正書，明昌三年，河北玉田。

乞伏村重修唐帝廟記　趙秉文撰并正書，明昌六年，河南安陽。

重修文宣王廟碑　党懷英撰并八分書，明昌六年，山東曲阜。

陝西路按察使移剌霖驪山詩刻　承安屠維協洽。按，承安四年己未當宋寧宗慶元五年。

汾州西河縣畢宿廟記　正書，篆額，泰和元年，山西汾陽。按，泰和元年當宋寧宗嘉泰元年。

谷山寺記　党懷英撰并八分書，泰和元年，山東泰安。

段鐸墓表　張墓公撰，正書，泰和二年四月，山西稷山平隴村。

首陽山弔夷齊詩　王仲通撰并行書，泰和四年，山西永濟。

漢御史卜式祠碑　張濬撰，孫世京正書，泰和五年，山東鉅野。

李温墓表　孟宗彦撰，孫華正書，崇慶元年，山東嘉祥。按，崇慶元年當宋寧宗嘉定五年。

竹閣寺碑　雷淵撰，陳仲謙八分書，元光二年，湖北襄陽。按，元光元年當宋嘉定十五年。

重修府學教養碑　劉渭撰，楊焕正書，正大二年，陝西咸寧。按，正大二年當宋理宗寶慶元年。

陳仲謙墓志　元好問撰，正書，正大二年，山西臨晉。

劉昂霄墓志　元好問撰，正書，正大二年，山西陵川。

重修孔廟碑　李春巖撰，趙翬正書，正大三年，湖北襄陽。

重修濟瀆廟記　種竹老人撰，梁邦瑞正書，正大正年，河南濟源。

陰符經　趙秉文行草書，無年月，山西平遥。

萬部華嚴塔額　篆書，無年月，綏遠歸化城。

元

萬卦山天甯寺功德疏 耶律楚材撰，守一道人行書，太宗三年九月，山西交城。當宋理宗紹定四年。

五峰山重修洞真觀碑 元好問撰，王萬慶正書，定宗三年十一月，山東長清。當宋理宗淳祐八年。

時侯墓表 八分書，憲宗二年十一月。當宋淳祐十二年。山東泰安時家莊。

陳規墓志 段成己撰，正書，憲宗八年八月，山西稷山。當宋寶祐六年。

張弼神道碑 徐世隆撰，王鏞正書，世祖元年，山東館陶。當宋景定元年。

李妙清墳前記 正書，中統元年。當宋理宗景定元年。今藏山東益都蠶桑學校。

金程震墓碑 元好問撰，李微正書，中統四年七月，河南偃師。

天門銘 杜仁傑撰，嚴忠範正書，中統五年正月，山東泰安。

楊奐神道碑 元好問撰，姚燧正書，中統五年四月，陝西乾州。

帝堯廟碑 郝經撰，正書，至元二年正月，河北望都。當宋度宗咸淳元年。

寶林寺善公行實碑 僧吉祥撰，陳誠德正書，至元二年，湖北應山。

許熙載神道碑 歐陽玄撰，趙孟頫正書，至元四年八月，河南安陽。

言子祠堂主　王鶚撰，李謙正書，至元五年十一月，山東城武。

六榕寺延祐鐘銘　正書，至元六年七月，廣東南海。

天慶寺碑　王惲撰，正書，至元九年，河北大興。

聞喜縣重修廟學碑　王惲撰并正書，至元十一年，山西聞喜。

重立文廟諸碑記　孟文昌撰，駱天驤正書，至元十四年正月，陝西長安。

玉清萬壽宫碑　姚燧撰，王元輔正書，至元十五年，陝西汧陽。

劉府君墓志　王磐撰，正書，至元十七年十一月，河北邢臺出土。

聖清廟碑　馬祖常撰，正書，至元十八年，河北盧龍。

崔德彰墓志　吴澄撰，正書，至元十八年正月，河北正定出土。

慶元路重建儒學碑記　王應麟撰，李思衍正書，至元二十年十月，浙江鄞縣。

谷山寺七佛閣記　閻復撰，李謙八分書，至元二十一年正月，山東泰安。

狻猊圖贊　正書，元貞元年七月朱宅立。

程翔墓志　袁桷撰，正書，元貞二年，河北永平出土。

郝天挺墓碣銘　元好問撰，郝采麟正書，大德三年，山西陵川。

蕭山縣學重建大成殿記　張伯淳撰，趙孟頫正書，大德三年，浙江蕭山。

元好問墓銘　郝經撰，李謙正書，大德四年七月，山西忻州韓巖村。

王善夫人李氏墓志　李謙撰，王惲正書，大德四年十月，河北藁城。

襄城重修廟學記　姚燧撰，王良嗣正書，大德六年，湖北襄陽。

謝天吉神道碑　麻革撰，正書，大德七年，山西臨晉。

平雲南碑　程文海撰，正書，大德八年，雲南太和。

宗明禪師重建寺記　鄧文原撰，賈汝舟正書，大德九年，湖北隨縣。

楊珏墓表　賈壤撰并正書，大德十一年二月，河北房山丁家堡村。

洪山寺程應雷等造塔記　正書，大德十一年五月，湖北武昌。

洪山寺黄彦文等造塔記　正書，大德十一年五月，湖北武昌。

洪山寺汪覺龍等造塔記　正書，大德十一年五月，湖北武昌。

加封孔子制誥碑　正書，大德十一年七月，陝西長安。又一本字略大，在順天府學。

洪山寺僧智福建塔記　正書，大德十一年十月，湖北武昌。

襄城縣學廡記　劉必大撰，孛術魯翀正書，至大元年二月，湖北襄陽。

洪山寺信女賀氏等造塔記　正書，至大元年五月，湖北武昌。

山公塔銘　白居敬撰，正書，至大元年七月，河南登封。

護國寺崇教大師演公碑　趙孟頫撰并行書，皇慶元年，河北宛平。

玉泉禪院唐賢留題詩序　張田撰，正書，皇慶元年，湖北當陽。

劉元墓碣銘　汪希中撰并正書，皇慶二年癸丑月，河北淶水板城村。

州學孫氏五賢祠記　吴澄撰，趙孟頫正書，延祐元年閏三月，江西寧都。

張元帥墓志　正書，延祐元年，今藏山東館陶范氏。

少林寺裕公碑　程鉅夫撰，趙孟頫正書，延祐元年十一月，河南登封。

南陽諸葛書院記　程鉅夫撰，劉賡正書，延祐二年，河南南陽。

薛玄神道碑　程鉅夫撰，劉賡正書，延祐三年四月。

趙孟頫懷浄土詩刻　行書，延祐三年六月。

何瑋神道碑　程鉅夫撰，趙孟頫正書，延祐四年。

聖主本命長生祝延碑　王思廉撰，趙孟頫正書，延祐四年十一月，河北正定。

武安靈溪二堰記　何文淵撰，趙世禎正書，延祐四年，湖北襄陽。

蒙天祐阡表　蕭𣄎撰並隸書，延祐五年九月，陝西大荔。

番君廟碑　元明善撰，趙孟頫正書，延祐六年三月。

虚照禪師塔銘　張庭實撰，趙孟頫正書，延祐六年八月，河北邢臺。

武昌路重修廟學記　正書，延祐七年，湖北武昌。

甸城碑　正書，延祐七年，綏遠歸化城。

長春道院記　楊載撰，趙孟頫行書，至治元年，江蘇華亭。

安童碑　元明善撰并正書，至治元年，河北新城。

楊氏先塋銘　趙孟頫撰并正書，至治二年十一月，河北蔚縣。

遊天冠山詩　趙孟頫行書，無年月，陝西長安，有文徵明跋，康熙二十一年重摹刻。

康氏先塋銘　賈壤撰，焦叔庸正書，泰定元年二月，河北房山上洛村。

性古像刻石　泰定元年七月。

賈闞墓表　弟壤述，孫誠正書，泰定三年二月，河北房山白帶村。

楊載墓志　黄溍撰，康里巙正書，泰定三年，江蘇吴縣。

高氏先塋碑　黄溍撰并行書，泰定三年，山東海豐。

磁州武安縣玄真觀刻石　正書，天曆二年三月，原在磁州後藏北平端氏。

涿郡歷代名賢碑　歐陽玄撰并正書，天曆二年，河北涿州。

河溝阡表　張臨撰，張養浩正書，天曆三年三月，山東鄒平。

大别山禹廟碑　林元撰，許有壬正書，至順四年，湖北漢陽。

張進墓志　正書，至順四年正月，河南臨漳出土。

姚天福碑　虞集撰，正書，元統元年，山西汾陽。

王氏先德碑　虞集撰，敬儼正書，元統二年，山東高唐。

王輔嗣墓志　吴炳八分書，元統二年十月，河南偃師出土。

龍興寺大悲閣碑　張國維正書，後至元元年十二月，河北真定。

李熹墓志　正書，後至元元年，今藏浙江永嘉李氏。

九老仙都宫碑　歐陽玄撰，危素正書，至正三年，湖北江陵。

勝象寶塔石坊題字　正書，至正三年，湖北武昌。

景陵重修縣學記　景坤厚撰，完迮帖穆正書，至正四年，湖北天門。

重書魏了翁承天院記　僧士瑩正書，至正七年，湖北江陵。

劉因墓志　蘇天爵撰，正書，至正八年，河北容城。

文正書院記　李祁撰，干文傳行書，至正九年，江蘇吴縣。

黄州路總管劉侯興學碑　聶炳撰，拜住正書，至正十年，湖北黄州。

古心禪師半葬塔銘　曹鑑撰，趙孟頫正書，至正十一年，浙江桐鄉。

孔摯墓碣　篆書，至正十二年四月，山東曲阜孔廟。

嘉定州教授題名記　朱孔昭撰，正書，至正十四年，江蘇嘉定。

長春道院額　正書，至正十七年，湖北荆門。

陶德生墓表　黄溍撰，劉基正書，至正十八年，今藏浙江臨海陶氏家廟。

竹隱處士鄭德峻墓碣　周伯琦篆書，無年月，浙江錢唐。

安熙墓表　袁桷撰，正書，至正年間，河北藁城。

龍洲先生墓表　楊維楨撰，褚奂八分書，至正二十三年，江蘇崑山。

崇雅堂碑録卷之四終

崇雅堂碑録卷之五

潛江甘鵬雲耐公編

明

覺源禪師衣塔銘 正書，洪武三年，永樂八年複刻，金陵鍾山。

虎跑泉銘 宋濂撰，釋宗泐八分書，洪武二十三年，浙江西湖南山中天竺寺。

奴兒干永寧寺碑 正書，永樂十一年。吉林混同江東岸特林碑紀太監亦思哈撫諭奴兒干東海苦夷事。按，東海苦夷即庫頁島，在混同江口外海中，近爲日本與俄人占領。

太嶽太和山碑 成祖御製，正書，永樂十六年，湖北均州。

奴兒干永寧寺第二碑 正書，宣德八年。碑紀太監亦思哈第三次撫諭東海事，合前後兩碑觀之，則混同江口外之庫頁島皆吾領土也。亦思哈撫諭東海，與三寶太監下西洋同時，《明史》未載，此碑可補《明史》之闕。今已爲俄人移入伯力博物館作陳列品矣。

金山祠亭記 正書，盱江朱鼎刻石，正統丙辰。按，丙辰爲正統元年，江蘇金山。

陳祥墓志 陳稷撰，正書，正統二年十月，今藏北平端氏。

史游急就章 相傳吴皇象書，真、草並列，頗有缺落，正統四年十二月，吉水楊政得宋仲温墨迹重摹刻。

謝君墓表 王英撰，正書，正統五年十二月，江蘇句容。

竇敬墓志 張益撰，黄養正正書，正統六年二月，今藏北平端氏。

秀峰寺碑 黎澄撰，季淳正書，正統八年四月，河北宛平。

樊公墓銘 魏驥撰，正書，正統十年，江蘇句容。

孔哲墓志 邢麟述正書，正統十二年三月，今藏北平端氏。

牧愛堂石刻 朱子書，明天順四年庚辰余子俊摹刻。

曹廷瑞墓表 倪謙撰，正書，成化元年，江蘇句容。

定襄伯郭公紀行詩 郭登撰，余子俊跋，行書，成化元年，陝西西安。

平氏墓志 正書，成化三年，今藏南京江寧古物陳列所。

蘧子墓碣 劉瀚撰，俞藎正書，成化五年正月，河北長垣。

姜浩墓志 畢諭撰，陳善正書，成化十四年十月，今藏湖北沔陽黄氏。

重修灞橋落成詩　余子俊跋，正書，成化中。

杜少陵詩刻　正書，成化十九年，陝西秦州。

謁汾陽王廟詩刻　賓竹道人行書，即秦藩，弘治七年甲寅。

梁端壽藏銘　吴錢溥撰，朱儀正書，弘治七年四月，南京聚寶門外出土，今藏北平端氏。

李東溟壙志　李東陽撰并正書，弘治十一年四月，北平阜城門外畏吾村李公祠。

登泰山詩刻　繆覲志行書，弘治十五年，山東泰安。

李冢婦墓志　潘辰撰，趙式正書，正德元年三月，北平阜城門外畏吾村李公祠。

蘭琦墓志　李東陽撰，正書，正德六年十月，山東德平。

西涯詩刻　李東陽草書，正德十一年丙子。

華州重修廟學記　吕柟撰，康海八分書，正德十五年十月，陝西華陰。

林聚墓志　吴惠撰，邵天和正書，正德十六年十月，今藏湖北沔陽黄氏。

桑溥王尚絅送邃菴楊公還朝題名　正書，嘉靖五年二月。

潘塤草書詩刻　嘉靖五年九月。

文清墓志　康海撰，正書，嘉靖十二年閏八月，陝西醴泉。

東嶽廟碑記　何瑭撰，任九思正書，嘉靖十二年癸巳。

梁夫人墓志　正書，嘉靖十三年，南京江寧古物陳列所。

袁澤墓志　王九思撰，正書，嘉靖十四年十一月，陝西醴泉。

蔡經謁孔廟詩刻　正書，嘉靖十五年二月，山東曲阜。

草廬二大字　江匯榜書，嘉靖十九年庚子。

康海墓表　吕柟撰，馬理行書，嘉靖二十年十月。

岣嶁碑題跋　張明道撰，正書，嘉靖二十年，湖南衡山。

黄母羅孺人墓志　謝文洊撰，正書，嘉靖二十三年十二月，江南南豐。

顧東橋墓志　正書，嘉靖二十四年，今藏南京江寧顧氏。

鎮海樓碑記　張岳撰并正書，嘉靖二十六年丁未十一月，廣東番禺。

李聰墓表　孫光撰，蘇洲草書，嘉靖二十七年，山東章丘城南三十五里鵝莊。

沈璧墓志　歸有光撰，正書，嘉靖二十七年十二月，江西南豐。

張穆方氏合葬志　孫禬正書，嘉靖二十八年十一月，今藏北平端氏。

涵山詩石刻　文徵明草書，嘉靖三十一年壬子，山西大同。

太湖詩石刻　文徵明草書，無年月，山西大同。

元祐宫碑　嚴嵩正書，嘉靖三十二年，湖北鍾祥。

趙公墓志　正書，嘉靖三十五年，今藏江南江寧古物陳列所。

關王感應記　正書，嘉靖三十六年丁巳，湖北當陽。

商輅詩刻　草書，無年月。

肅藩草書詩刻　無撰書人姓氏，無年月，尾有印記，刻「肅藩翰墨」四字。

方元焕草書石刻　無年月，河北大名晚香堂。

鄒文盛泰山詩刻　正書，無年月。

楊忠愍公祠碑記　正書，隆慶元年，河北容城。

楊忠愍公請誅賊臣疏草　無年月，當立於隆慶初年。

劉令譽弔比干墓詩刻　無年月，河南衛輝。

董文敏臨顔魯公斐將軍詩刻　草書，隆慶四年。

晚香堂賦　張元忭行書，萬曆元年二月，河北大名。

張文忠公墓文石刻　殷如儋撰，正書，萬曆三年三月，山東歷城。

晾馬臺銘　方逢時撰，鄭洛行書，萬曆五年，山西得勝口。

挾龍廟碑記　正書，萬曆五年，河北真定。

笪仲墓志　笪鳩撰，正書，萬曆七年，江蘇句容。

褒谷詩刻　正書，撰人姓名泐，萬曆十年，陝西褒城。

大伾山詩刻　王之輔行書，萬曆十一年癸未。

駱問禮赤壁詩刻　草書，萬曆十二年甲申二月，湖北黄岡。

太華山圖　旁刻太祖《夢遊西岳文》，正書，萬曆十三年三月，陝西華陰。

瑞蓮賦石刻　申時行、許國、王錫爵撰，正書，萬曆十四年，北平阜成門外八里莊。

蓮花池記　正書，萬曆十五年。

中岳廟詩刻　王士崧正書，萬曆十五年四月。

殷比干墓銅盤銘　萬曆十五年，周思宸重摹并跋。

登岱詩刻　李化龍行書，萬曆十九年，山東泰安。

温公暨嚴氏墓志　蔡奕琛撰，沈應旦正書，萬曆十九年十月，今藏浙江吴興周氏。

諭楞嚴寺保護藏經碑　正書，萬曆二十年。

南學伊墓表　武之望八分書，萬曆二十四年。

石經寺施茶碑記　正書，萬曆二十四年。

李從心誥敕　正書，萬曆二十六年。

士夫箴　趙邦清正書，萬曆二十八年，舊京吏部衙門。

楊光訓題先師手植檜　正書，萬曆二十八年。

趙邦清泣血訴言　正書，萬曆二十八年十一月，舊京吏部衙門。

五嶽真形圖　萬曆三十二年二月，方大美摹刻，有跋，河南登封。

誥贈許守謙兵部尚書制　正書，萬曆三十三年。

巡撫宣府新城王公神道碑　李化龍撰，集唐歐陽詢書，萬曆三十四年二月。

嵩山六十峯詩刻　柏人王正民行書，萬曆三十七年五月。

檇李徐翼所先生家訓　董其昌行書，萬曆四十五年二月。

滁州琅琊寺妙相堂造象　萬曆四十七年已未。

渭南孝子蔡順墓碑　傅振商行書，萬曆四十七年。

黄山詩刻　傅振商草書，萬曆□年。

四十二章經　袁宏道等四十一人書，無年月。

徐世隆紀夢詩刻　行書，無年月。

吕邦耀少林寺詩刻　草書，無年月。

遯園叟鄭鄤行書殘刻　無年月。

周尚書墓志　周命新撰，正書，天啟二年，江蘇句容。

廬山歸宗寺毘盧丈六金象碑記　集王羲之行書，天啟二年。

泰山香火碑　正書，崇禎五年六月。

甘學潤草書筆墨賦　崇禎六年二月。

苟好善墓表　白元謙撰，正書，崇禎十二年十二月。

王鐸青壇詩刻　行書，崇禎十七年。

沈夫人墓志　劉文詔撰，正書，無年月，江蘇吴縣花園山出土，今藏雲南騰衝李氏。

朱杜村墓志　正書，無年月，今藏江南江寧古物陳列所。

清

重建東嶽廟碑 戴明説撰，正書，順治六年二月，北平爛麵胡同。

焦山古鼎詩刻 王士禄、王士禛撰，正書，康熙四年，有程康莊跋，江南丹徒焦山。

孝子李澄傳 段復興撰，李敬修行書，康熙七年，陝西西安。

嶽麓書院碑記 周召南撰，陶汝鼐行書，康熙八年，湖南嶽麓書院。

聖殿碑記 孔貞瑄撰，正書，康熙十五年，山東曲阜孔廟。

潤公塔碣 傅山撰并草書，康熙十六年。

謁聖廟詩刻 唐賡堯撰并行書，康熙二十一年十月，山東曲阜。

惠濟橋碑記 傅山撰并正書，康熙二十二年，山西平遥。

闕里古檜詩刻 聖祖御筆正書，康熙二十五年八月，山東曲阜。

謁廟碑 張雲翼撰并正書，康熙三十年十二月，山東曲阜。

游城南詩 王士禛題，康熙三十五年，陝西興平。

黄岡許侯去思碑記 正書，康熙三十七年八月，湖北黄岡。

訓飭士子文 聖祖御製正書，康熙四十一年正月。

米芾清秋賦 聖祖御筆草書，康熙四十一年五月，末有桑格題記。

康熙宸翰七種 草書，無年月。一《讀朱子詩》，一《渡揚子江作》，一《見漁舟夜泊》，一《南巡望吴山》，一《舟中録唐》，一《臨月中桂樹賦》，一《萬幾自警諭羣臣》。

闕里甯固親題名 正書，康熙四十二年癸未八月，山東曲阜。

董思凝刻御書赤壁賦題記 正書，康熙四十八年已丑，湖北黄岡二賦堂。

保定府蓮花池碑記 李紳文撰，正書，康熙四十九年八月，河北保定。

粤秀山詩刻 安鄉張明先行書，康熙五十一年七月，廣東南海。

重修唐石經碑亭記 張鍾撰，李珩正書，康熙五十九年，陝西西安。

魏賈使君碑側題字 金一鳳正書，康熙五十九年，山東滋陽。賈使君碑立于後魏神龜二年，金一鳳以爲三國之魏，誤也。翁方綱已辨之。

送迦陵禪師安大覺寺方丈碑記 行書，康熙五十九年九月，北平西山大覺寺。

鄒縣謁孟廟記 毓奇撰并正書，康熙六十年，山東鄒縣。

康親王行書心經 雍正五年七月。經末有圖記，一曰「友竹主人」，一曰「良親王之孫」，一曰「悼親王之子」。

元寧新館記 方苞撰并正書，雍正六年八月 北平舊都。

果親王望華詩刻 草書，雍正甲寅，按，甲寅爲雍正十二年。

嘉善學宫碑記 正書，雍正十二年 江蘇嘉善。

鍾靈石橋記 陳世增撰，梁文泓正書，雍正十三年十一月 江西廣信。

孔廟四贊 乾隆御筆，無年月，一《詩禮堂贊》，一《金絲堂贊》，一《先聖手植檜贊》，一《奎文閣贊》，均正書。山東曲阜。

潼關甲銘 郭尚先正書，無年月

陳洪範别英石詩刻 草書，乾隆四年己未。

重修鐘樓記 張楷正書，乾隆五年正月，陝西咸寧。

桓侯廟詩刻 張鵬翮行書，乾隆六年。

重修少陵書院碑記 鄂敏撰并正書，乾隆九年正月。

仿趙松雪書心經 高宗御筆小行書，乾隆九年。

臨蘇米趙三家書 高宗御筆，乾隆十年乙丑。

闕里祭先師禮成詩刻　高宗御筆，乾隆十三年戊辰。

香山詩刻　高宗御筆草書，乾隆十五年庚午。

重修蓮花池東西二渠記　方觀承撰，正書，乾隆十六年五月，河北保定。

西安碑洞石刻目録　柳雲培正書，乾隆十六年五月，邱仰文跋，陝西長安。

濰縣城隍廟碑　鄭燮撰并正書，乾隆十七年，山東濰縣。

孔廟詩刻四種　高宗御筆，一《至曲阜詩》，一《金絲堂詩》，一《詩禮堂詩》，一《手植檜詩》，乾隆二十一年丙子，山東曲阜。

遊赤城温泠二泉詩刻　方觀承行書，乾隆二十三年。

駐蹕古泮池詩刻　高宗草書，乾隆二十七年。

遊梁溪寄暢園詩刻　高宗御筆草書，乾隆二十七年。

脩小孤山啓秀祠記　俞瀚行書，乾隆三十一年。

重刻唐林緯乾殘帖　草書，乾隆三十二年。

重修超然書院碑記　胡季堂撰，范榕正書，乾隆三十五年。

白鸚鵡賦釋文　翁文綱正書，乾隆三十七年。

滄曉胡公煦神道碑　錢陳羣撰并正書，乾隆三十八年。

汪濤過郟縣懷蘇文忠詩刻　乾隆三十九年。

孔林古檜詩刻　高宗御筆，乾隆四十一年丙申。

晉祠詩刻　乾隆四十二年丁酉。

修華嶽廟諭旨碑　畢沅正書，乾隆四十二年。

重修西嶽華山廟碑記　高宗御筆，乾隆四十四年。

重修東湖蘇文忠公祠記　乾隆四十四年。

文泉紀事詩　乾隆四十五年庚子，湖南嶽麓書院。

濬九曜石池記　史夢琦行書，乾隆四十六年辛丑。

吕仙自敘傳　原碑在濟南趵突泉吕仙祠，此碑複刻在湖南巴陵岳陽樓。

漢鄭季宣碑陰題記　翁方綱、黄易八分書，乾隆五十一年。

郎亭山巴慰祖題名　八分書，乾隆五十一年，湖北武昌江濱。

巴慰祖怡亭銘跋尾　八分書，乾隆丙午。按，丙午爲乾隆五十一年，湖北武昌江濱。

重修正定崇因寺碑記　乾隆五十一年。

韓侯嶺詩刻　吴逢聖正書，乾隆五十四年，山西韓侯嶺。

觀濟寧學宫漢碑題字　翁方綱八分書，乾隆五十五年。

明王文成公墓表　朱珪撰，梁同書正書，乾隆五十七年。

重立漢武氏四碑題名　李東琪八分書，乾隆五十七年，山東濟寧。

梁繪弔淮陰侯詩刻　行書，乾隆五十七年，山西韓侯嶺。

王夢樓臨蘭亭敘　乾隆五十八年。

雙節堂贈言刻石　凡十册，乾隆五十九年，汪輝祖跋。

明湖小滄浪亭雅集詩序　阮元八分書，乾隆六十年。

朱紹曾經韓侯嶺詩刻　草書，乾隆六十年，山西韓侯嶺。

汪輝祖墓志　洪亮吉撰，梁山舟書。

循吏汪君傳　阮元撰，梁同書正書。

曹宜人七十壽言　王宗炎撰，梁同書正書。

重修樂陵縣許忠節公祠記　胡季堂撰，胡鈺正書，嘉慶元年十月。

謝啟昆書韓侯廟壁　行書，嘉慶元年，山西韓侯嶺。

畏吾村尋西涯墓記　翁方綱正書，嘉慶三年十月，北平阜成門外畏吾村。

京口三山詩刻　王文治行書，嘉慶三年正月，江蘇丹徒。

地安門外文昌廟落成記　嘉慶御筆，正書，嘉慶六年五月，河北北平。

焦山詩石刻　鐵保撰并行書，嘉慶六年十二月，江蘇丹徒。

重修蘭州城碑記　那彦成撰并正書，嘉慶七年八月，甘肅蘭州。

濟南書院記　鐵保撰并行書，嘉慶九年，山東濟南。

鄧石如隸書張子東銘　嘉慶十年。

重修西安府學碑林記　莊炘撰，盛惇崇行書，嘉慶十年，陝西西安。

成親王跋禮烈親王克勤馬圖　嘉慶十一年二月，末有吴錫麒、吴嵩梁詩跋。

劉大觀韓侯墓詩　草書，嘉慶十一年丙寅，山西韓侯嶺。

甘泉山獲石記　阮元撰并行書，翁方綱跋，嘉慶十一年五月，江蘇揚州府學。

張應辰過韓侯嶺詩碣　行書，嘉慶十六年辛未，山西韓侯嶺。

靈隱經藏碑　石韞玉撰并行書，嘉慶十五年十月，浙江西湖。

平定州修石路記　鐵保撰并行書，嘉慶十八年六月，山西平定。

御製河南滑縣知縣謚忠烈强克捷碑文　嘉慶二十年九月，河南滑縣。

劉文清公手蹟刻石　英和摹刻，嘉慶二十年乙亥。

西來閣下丁香樹記　翁方綱行書，嘉慶二十一年四月，北平白紙坊崇效寺。記後有道光三年吴嵩梁題詩，顧蒓書。

孟東野詩草書　無書人名氏，嘉慶二十二年六月。

吴安祖韓侯嶺詩碣　八分書，嘉慶二十三年戊寅，山西韓侯嶺。

西京古崇仁寺際桂禪師敘法派碑　路德撰，張玉德正書，嘉慶二十四年三月。

包世臣與姪楓坡書　行書，無年月。

李硯雲墓志　郭尚先撰并正書，道光元年四月。

李母胡太宜人傳　李僎撰，張岳崧正書，道光元年。

阿桂配享太廟碑　那彦成正書，道光三年四月。

毛士玉墓志　吴毓英正書，道光三年。

盧坤跋唐于孝顯手　八分書，道光甲申，陝西西安府學碑林。

武當宫碑記　熊士鵬撰，余集八分書，道光四年，湖北武昌。

林芬韓侯嶺詩刻　行書，道光五年，山西韓侯嶺。

郭松年弔韓侯詩　草書，無年月，山西韓侯嶺。

楊芳祭回疆戰亡將士文　行書，道光九年。

王鄭生墓志　董淳撰，郭尚先正書，盧坤篆蓋，道光九年正月。

黔中雜詠詩刻　郎葆辰撰并行書，道光十一年七月。

旌節張太夫人墓表　王鼎撰，姚元之正書，道光十一年九月。

趙母李太恭人墓志　陶澍撰，穆彰阿正書，道光十二年。

祁侍郎韻士墓表　程恩澤撰并篆額，男祁寯藻正書，道光十四年八月。

姚惜惜詩碣　陳用光行書，道光甲午。按，甲午爲道光十四年。吴德旋跋。

蘇廷玉留侯廟詩刻　草書，道光十五年。

石氏受姓源流紀略　英和正書，道光十五年九月。

直隸總督温承忠墓志　英和撰，郭尚先正書，那彦成篆蓋。

汪士鋐草書　道光十五年，山陽李宗昉摹刻，有跋。

温雲心墓志　杜受田撰，賈楨正書，道光十九年六月。

盧文肅公蔭溥墓志　潘世恩撰，王鼎正書，湯金釗篆蓋，道光十九年十一月，山東德州。

江陰考棚記　祁寯藻撰，陳延恩正書，道光十九年十二月，江蘇江陰。
心經　祁寯藻正書，道光二十年五月。
姚烈婦傳　包世臣撰并草書，道光二十年。
恩卹粟毓美諭旨碑　湯金釗正書，道光二十年，山西渾源。
楊芳祭姪莘田文　行書，道光二十年九月。
諭祭粟毓美文　許瀚正書，道光二十年，山西渾源。
澄江試院寄園詩刻　祁寯藻行書，道光二十年冬月。
粟毓美神道碑　彭邦疇撰，祁寯藻正書，道光二十年，山西渾源。
掖縣城隍廟碑記　楊祖憲撰，翟云升八分書，道光二十一年十月，山東掖縣。
復修碑林記　富呢揚阿撰，正書，道光二十二年二月，陝西西安。
楊雲圃家傳　劉峎撰，倭仁正書，道光二十三年。
張映蛟墓志　杜堮撰，蘇兆登正書，許乃普篆蓋，道光二十三年四月。
王振甫墓碑　陳柱撰，賈楨正書，道光二十四年四月。
王翰儒墓碑　陳鶴年撰，倭仁正書，道光二十四年。

浯溪圖刻石　黄兆源畫，道光乙巳。按，乙巳爲道光二十五年。湖南祁陽。

禮部侍郎碩士陳公墓識蓋　篆書。

刻楊忠愍公疏稿三跋　一宋犖，一錢陳羣，一李光廷。道光二十七年刻。

吴公榮光神道碑　湯金釗撰，祁寯藻正書并篆額，道光二十七年。

小秀野詩　顧嗣立、查嗣瑮、王士正、姜宸英、唐孫華三十一人倡和詩，祁寯藻跋，張穆正書，道光二十八年十月。

北監阿公祠記　錫淳撰并正書，道光三十年。

北監記事　文溥正書，道光三十年。

錢孚威墓志　蘄水郭沛霖撰并正書，道光三十年十一月。

包世臣書陶詩　草書，道光三十年。

張香海留侯祠詩刻　行書，咸豐元年三月。

粤東使院文昌閣記　吴保泰撰并正書，咸豐三年冬。

十八大阿羅漢頌　載齡正書，咸豐四年閏月。

萬母徐太夫人墓志　王翼鳳撰，薛開第正書，咸豐四年七月。

周爾墉草書石刻　咸豐五年八月，汪暾跋，洛陽存古閣。

曾温甫哀詞　曾國藩撰，曾國荃正書，咸豐五年十月。

兖郡夫子廟修復記　吴步韓撰并正書，咸豐六年八月，山東兖州府。

述舊碑記　男陳士枚撰，祁寯藻正書，咸豐六年八月。

挂牓山葬記　男兆霖撰并正書，咸豐六年十月。

張清元墓志　何廷謙撰，段晴川正書，祁寯藻篆蓋，咸豐九年二月。

胡林翼祭李迪庵文　正書，咸豐九年十月，湖北武昌縣懷忠祠。

王家璧詩刻　行書，咸豐九年十二月。

王家璧贈余漢卿參將詩刻　行書，咸豐十年冬月。

勝保行書石刻　咸豐十年春。

謝柳溪詩刻　祁寯藻行書，咸豐十一年二月。

大悲呪　端木埰正書，咸豐十一年。

白鹿洞紫霞真人題字　咸豐十一年，曾省三重摹刻。

漢李孟初碑跋尾　傅壽彤行書，咸豐辛酉。按，辛酉爲咸豐十一年。

胡母施太夫人墓志　龐鍾璐撰，程恭壽正書，同治元年。

何紹基臨張遷碑　八分書，同治元年。

題魯公中興頌詩刻　何紹基撰并草書，同治元年，湖南祁陽。

宿州受降城碑陰銘　徐子苓撰并正書，同治六年十月。

朝陽巖詩刻　楊翰草書，同治三年，湖南祁陽。

八蠟廟述異碑記　王蘭廣撰，李蔭堂正書，同治五年二月。

咸陽縣文廟碑記　馬毓華撰，范希廉正書，同治五年三月，陝西咸陽。

袁端敏公祠碑　張之萬撰并正書，同治五年八月。

李文瀚墓志　馮桂芬撰，楊泗孫正書，同治五年十月。

吏治輯要　倭仁録并正書，吴鴻恩跋，同治六年秋月。

畫竹石刻　李秉綬畫，同治八年。

平捻紀略　李鶴年撰并書，同治八年冬月。

雅州重建武侯祠記　黄雲鵠撰并正書，同治九年五月，四川雅州。

袁保恆跋岳忠武書出師表　同治九年七月，河南湯陰。光緒元年復刻忠武書出師表於西安，仍刻此跋於碑末。

左宗堂跋瓦當拓本　行書，同治十年。

金山江天寺記　曾國藩撰，張裕釗正書，同治十年。

左宗棠跋岳忠武書出師表　同治十年七月，河南湯陰。

誥贈建威將軍郭公神道碑　英翰撰并正書，同治十年九月。

汪鑅跋瓦當拓本　八分書，同治十一年春。汪鑅别號石壽山人。

彭玉麐鎮海樓詩刻　草書，同治十一年，廣東廣州。

王家璧跋岳忠武書出師表　同治十一年三月，河南湯陰。

創建中州會館記　袁保恒撰并正書，同治十一年。

滄浪亭五百名賢祠補刻畫象題記　恩錫八分書，同治十二年六月，江蘇吴縣。

端溪書院增課記　李光廷記，正書，同治十三年。

宜昌知府王熙震墓志　吴德潚撰，唐翼祖正書，同治年間。

新築儀董軒記　方濬頤撰并正書，同治十三年，江蘇江都。

孫德祖謁蘇墳詩刻　同治年間。

英公政書記　鄧琛撰，楊守敬行書，無年月，湖北黄岡。

廣陽西大寺大仙祠碑記　張濟康撰，江槐序正書，光緒元年七月，河北保陽。

重修六榕寺佛塔記　張兆棟撰并正書，光緒元年四月，廣東廣州。

吴棠紫栢山留侯廟詩刻　行書，光緒二年四月。

長子婦賀氏合葬志　恪靖伯書并篆蓋，光緒四年二月。

嚴岳連過鷄頭紀行詩刻　行書，光緒五年。

曾璧光别傳　吴德溥勒石，袁思韠正書，光緒五年四月。

路文貞公振飛傳　桂昌正書，光緒五年十月。

楊欽琦跋岳忠武書出師表　行書，光緒六年七月，河南湯陰。

安徽巡撫唐公訓方神道碑　李元度撰，俞錫爵正書，光緒七年。

香山圖詩刻　陸吾山、李少白諸人遊香山詩，行書，光緒八年三月。

觀略堂記　黄彭年行書，光緒九年七月，湖北襄陽。

惠泉山端方等題名　光緒十年十一月。

建威將軍顔札公景廉神道碑　李慈銘撰，翁同龢正書，光緒十一年八月。

留仙閣記　英啟撰，楊守敬正書，光緒十一年二月，湖北黄岡。

蒯德模墓志　馮煦撰，李文田正書并篆蓋，光緒十二年九月。

道福碑　魯琪光撰并正書，光緒十三年七月，山東登州。

昌邑修儒學記　撰人泐，行書，光緒十三年十二月，山東昌邑。

李鴻章請爲順天府尹周家楣建專祠奏　正書，光緒十三年閏四月。

聞福增墓志并蓋　陸寶忠撰，曹鴻勛正書，光緒十三年正月。

黎庶昌祭諸葛武侯墓文　正書，光緒十三年五月，四川沔縣。

丁善寶墓志并蓋　張昭潛撰，曹鴻勛正書，王仁堪篆蓋，光緒十三年七月。

沈公祠堂記　曹鴻勛撰，劉心源正書，曾紀鴻篆額，光緒十四年，廣東海陽。

安徽按察使張印塘墓表　李鴻章撰，李文田正書，光緒十四年七月。

漢諸葛武侯故宅碑記　程文炳撰，方濬益正書，光緒十四年，湖北襄陽。

監利王先生墓誌銘　郭嵩燾撰，楊守敬正書，光緒十五年，湖北監利。

齊孝子碑　潘祖蔭撰，李文田正書，光緒十五年五月。孝子名占魁。

重摹褚聖教跋　文悌正書，光緒十五年五月。

孫侍郎詒經神道碑　魯燮光撰并八分書，光緒十六年十一月。

德使克林德石坊題字　正書，光緒十六年。原在東四牌樓南，今燬，留此打本亦不忘國恥之意也。

徐文敬公清風草廬祠堂記　俞樾撰，許庚身正書，光緒十六年十月。

東魯書院少陵臺記　長白中衡正書，光緒十七年二月。

重修德壯果公祠碑記　德壽撰，俞樾八分書，光緒十八年七月。

張勤果公墓志銘　譚獻撰，陶濬宣正書，光緒十八年。

白紙獻花會碑　曹鴻勛正書，光緒二十年三月。

趙國華墓志　蔣慶第撰，張百熙正書，盛昱篆蓋，光緒二十年四月。

陸存齋墓志　俞樾、王同愈正書，李文田篆蓋，光緒二十年十一月。

沙市舒公隄碑陰記　楊毓秀撰，正書，光緒二十年。

重修兗州府文廟碑記　王予符撰并正書，光緒二十一年。

孫志峻墓志　徐世昌撰，華世奎正書，柯劭忞篆蓋，光緒二十一年。

饒書麟墓志　楊守敬撰并書，光緒二十一年。

韓城縣拱極樓記　侯鳴珂撰，侯昌銘正書，光緒二十二年，陝西韓城。

高春浦墓志　馬其昶撰，張文運正書，光緒二十二年。

經正書院碑記　徐桐撰，支恆榮正書，光緒二十四年二月。

吴丙湘墓志　陳彝撰，張丙炎正書，光緒二十五年八月。

賈成霖墓志　張英麟篆蓋，丁惟魯正書，光緒二十六年八月。

賈母王恭人墓志　周銘旂撰，丁惟魯正書，光緒二十六年閏八月。

御賜恩澤碑文　光緒二十八年。

李文忠公神道碑　吴汝綸撰，于式枚正書，光緒二十九年二月。

刑部主事韓紹徽從祀記　光緒三十年八月。原在舊京法部提牢廳楊忠愍祠左。

清曹府君墓表　王闓運撰，男曹廣權書，光緒三十一年。

陳夔龍梁園詩刻　正書，光緒三十二年二月。

都察院題名碑　光緒三十二年。凡二石，滿、漢各一，漢道題名光緒二十八年起，迄三十二年；滿御史題名光緒元年起，訖三十二年。

昭忠祠記　鹿傳霖撰，曹鴻勛正書，光緒三十四年。

拙盦題語　梁鼎芬行書。

倉場侍郎劉公墓志蓋　左孝同篆。

張文襄公詩碣　周錫恩刻，無年月。

獲漢武梁祠畫象記 羅正鈞行書，宣統元年。

武用章墓志 賀濤撰，高賡恩正書，宣統元年。

恩澤神道碑 趙世駿正書，宣統元年。

葛寶華墓志 姚詒慶正書，宣統三年。

王福曾墓志并蓋 王樹枏撰，朱益藩正書，宣統三年。

帖附

淳化閣法帖 明萬曆乙卯肅藩世子識，鉉摹刻，有跋，并張鶴鳴、王鐸二跋，附閣帖釋文，李介康書。

寶賢堂法帖 明弘治三年晉藩世子摹刻。甲申之變頗有殘缺，康熙中戴氏補刻之，今藏山西陽曲傅青主祠。

澄清堂法帖 明萬曆乙酉邢侗摹刻，今藏山西臨縣。

戲鴻堂法帖 明董其昌審定，凡十六卷。

三希堂法帖 嵌置北平中海牆壁。

楚帖十卷瓣香書屋帖四卷 嘉慶間陳鑾摹刻，置武昌陳氏義莊。原百廿石，今僅存七十三石。

忠義堂帖四卷　宋嘉定間劉元剛刻《忠義堂帖》十卷，今不可見。顧亭林、孫退谷均未見全本。道光癸巳無棣吴式芬鉤摹一本，纔四卷，非其全也。光緒元年桐城光熙刻之。

古寳賢堂法書　鐵嶺李清鑰摹刻。

東坡西樓帖　潘季彤摹刻。

光贊堂法帖　嘉慶七年飲和軒摹刻。

鄭親王草書石刻

景蘇園帖　楊壽昌摹刻，在黄州赤壁。

長孫　永思校稿

二女　世珊督印

三女　世玲初校

次孫　永惇覆校

門人劉文嘉總校

崇雅堂碑録卷之五終

崇雅堂碑録補

崇雅堂碑録補卷之一

潛江甘鵬雲藥樵編

《碑録》五卷既付諸手民矣，檢所藏碑搨，不無漏遺，且有繼續收得者。《補編》附後，凡四卷。時制掘冢無禁，幽宫誌石出土滋多，皆古人所未見，繼此以往，將日出而無窮。茲所有者，特九牛一毛而已。或續有所獲，容俟再補。乙亥秋七月，息園居士書於崇雅堂。

周

壇山刻石 篆書，「吉日癸巳」四字。相傳爲周穆王書，未知所據。舊在河北贊皇縣南一十五里壇山之上，後乃鑿取此石，陷置州廨壁間。宋政和五年取入内府，後人别摹刻一石，嵌置贊皇縣儒學戟門西壁。近所搨者皆别刻本也，詳吴玉搢《金石存》。

毛公鼎銘 籒文，原藏山東濰縣陳氏，後歸北平端氏寶華盦，今已散出矣。有複刻本。

散氏盤銘　籀文，原係内府藏器，現在故宫博物院。

秦

詛楚文　篆書。此石初得於陝西鳳翔開元寺土中，置之府廨。東坡《鳳翔八觀詩》所詠即此本也，後爲宋徽宗取歸御府。今時傳搨人間者是否原石，未能遽定也。字法特工，可與石鼓文抗衡。

漢

弘農盧氏墓專　八分書，元和三年六月，陝西出土，今藏北平端氏寳華盦。

長安左章墓專　八分書，章和元年九月，今藏北平端氏。

吴顔墓專　八分書，永元元年七月，今藏北平端氏。

梁東墓專　八分書，永元元年十一月，今藏北平端氏。

六安嚴仲墓專　八分書，永元四年二月，今藏北平端氏。

東郡燕完墓專　八分書，永元四年三月，今藏北平端氏。

盧江太守髡鉗馬氏墓專　八分書，永元四年三月，今藏北平端氏。

江夏安陸張仲墓專　八分書，永元五年二月，今藏北平端氏。

諸掾造冢刻石　八分書，永元十三年，山東沂水出土，今藏山東沂水王氏。

馮焕神道刻石　八分書，永寧二年　四川渠縣北六十里趙家坪

窆室銘　八分書，永建元年五月，原在河南永城。

左元異墓柱　八分書，和平元年，山西離石出土，今藏英國倫敦博物館。

杜臨封冢記　八分書，延熹六年二月，山西嶧縣出土，今藏山東金石保存所。

陳留李□墓專　八分書，建寧三年二月，今藏北平端氏。

汝南山桑墓專　八分書，熹平元年九月，今藏北平端氏。

劉寬神道　八分書，中平二年，原在河南洛陽，今不知所在。

百氏爲諦封墓記　八分書，初平元年，今藏安徽建德周氏。

上庸長司馬孟臺神道　八分書，無年月，四川德陽黄許鎮。

侍御史李業闕　八分書，無年月，四川梓潼城西五里李公祠。

益州牧楊宗墓道　八分書，無年月，四川夾江，左右各一。

尹公石闕　八分書，無年月，四川廣元。

李夫人靈第刻石　八分書，無年月，今藏山東蓬萊張氏。

甘泉山刻石　八分書，即厲王刻石，無年月，江蘇揚州。

晉

南陽王泰墓専　八分書，泰始七年，今藏北平端氏。

楊駿墓志　正書，咸寧口年，河北寧晉。

房宣墓版　八分書，太康三年二月，山東掖縣出土，原藏北平端氏，今藏江蘇吴縣吴氏。有複刻本。

馮恭墓門刻石　八分書，太康三年二月，今藏安徽建德周氏。

王君墓神道　篆書，太康五年，今藏北平端氏。

魏雛墓誌　八分書，元康八年二月，今藏浙江上虞羅氏。

張朗墓誌　八分書，元康八年十二月，河南洛陽出土。有複刻本。

石尠墓誌　八分書，永嘉二年七月，河南洛陽出土，今藏安徽建德周氏。有複刻本。

孫放墓志 八分書，大元十年，山西絳縣出土。

蘇君神道闕 篆書，無年月，河南洛陽出土，今藏江蘇常熟曾氏。

趙府君神道闕 八分書，無年月，河南孟縣出土，今藏河南孟縣女學校。

蜀侍中楊公神道闕 八分書，無年月，四川梓潼。

韓府君神道闕 八分書，無年月，河南洛陽出土，今藏洛陽存古閣。

張盛墓碣 八分書，無年月，今藏安徽建德周氏。

鄭夫人蘇氏墓版 八分書，無年月，今藏浙江紹興周氏。

陳君殘墓誌 八分書，無年月，今藏安徽建德周氏。

後秦

吕寧墓志 八分書，弘始十年十二月，今藏日本江藤氏。

宋

高景墓志 正書，元嘉二十六年。僞刻。

宗慤母鄭夫人墓誌 正書，大明六年，原在江蘇江寧，今佚。

謝濤墓誌 正書，大明七年十一月，原在江蘇江寧，今佚。

齊

吕超墓誌 正書，永明十一年十一月，浙江紹興出土，今藏浙江會稽顧氏。

梁

上清真人許長史舊館壇碑 陶弘景撰，正書，天監十五年，碑佚，衹存拓本。

蕭敷墓誌 徐勉撰，正書，普通元年十一月，原在山東臨沂，今佚，衹存拓本。

要離殘墓碣 正書，無年月，今藏北平端氏。

蕭順之神道闕 左右各一，正書，無年月，江蘇吴縣甘家巷。

蕭績神道闕 左右各一，正書，無年月，江蘇句容侯家邊。

陳

劉仲舉墓誌 正書，大建元年八月，今藏湖北武昌胡氏，僞刻。

衛和墓志 正書，太建二年十一月，今藏江蘇常熟沈氏。

劉猛進墓銘 正書，太建四年，廣東廣州出土，今藏廣東南海曹氏。

北魏

盧夫人李氏墓誌 正書，神䴥五年四月，今藏浙江吴興周氏。

崇公禪師塔銘 正書，太安元年，河南登封少林寺。

魯普墓記 正書，太和二年九月，河南洛陽。或云僞刻。

劉英妻楊珽墓誌　正書，太和四年十月，陝西長安出土。

王雍墓誌　正書，太和十一年十月，河南洛陽。或云僞刻。

北海王墓碣　正書，太和十八年，山西靈丘出土。

周哲墓誌　正書，太和十九年，今藏湖北武昌胡氏。或云僞刻。

彰武王墓誌　正書，太和二十三年十一月，今藏河南圖書館。

孟熾墓誌　正書，太和二十三年十二月，河南洛陽出土。

王馨墓誌　正書，景明元年四月，河南洛陽出土。

元定墓誌　正書，景明元年十一月，河南洛陽出土，今藏陝西三原于氏。

高華英墓誌　正書，景明二年七月，河南洛陽出土。

元羽墓誌　正書，景明二年七月，河南洛陽出土，今藏北平歷史博物館。

穆文獻公亮墓誌　正書，景明三年六月，河南洛陽出土，今藏陝西三原于氏。

許和世墓誌　正書，正始元年十二月，河南獲嘉出土，今藏河北天津姚氏。

元始和墓誌　正書，正始二年十一月，河南洛陽出土，今藏廣東番禺葉氏。

張神洛墓專　正書，正始四年九月，今藏北平端氏。

元緦墓志 正書，永平元年十月，河南洛陽出土，今藏江蘇武進陶氏。

元詳墓誌 正書，永平元年十一月，河南洛陽出土，今藏江蘇常熟曾氏。

石夫人墓誌 正書，永平元年十二月，河南洛陽出土，今藏廣東番禺陳氏。有複刻本。

周千墓誌 正書，永平三年十月，今藏浙江上虞羅氏。有複刻本。

王夫人墓誌 正書，永平三年十一月，今藏陝西三原于氏。

楊範墓誌 正書，永平四年十二月，陝西華陰出土，今藏華陰段氏。有複刻本。

張夫人墓誌 正書，延昌元年十月。

孫欞墓誌 正書，延昌二年二月，河南洛陽出土。

元演墓誌 正書，延昌二年三月，河南洛陽出土，今藏奉天義州李氏。有複刻本。

貴華夫人墓誌 正書，延昌二年六月，河南洛陽出土，今藏陝西三原于氏。

陳廞墓誌 正書，延昌二年十月，河南洛陽出土。或云僞刻。

元珍墓志 正書，延昌三年十一月，河南洛陽出土，今藏江蘇武進陶氏。

元颺墓志 正書，延昌三年十一月，河南洛陽出土，今藏日本大倉氏。

姚纂墓志 正書，延昌四年正月，河南洛陽出土，今藏江蘇武進陶氏。

河東郡王遵敬銘記　正書，熙平元年九月，今藏北平端氏。

楊胤墓誌　正書，熙平元年十一月，陝西華陰出土，今藏陝西藍田閻氏。

元懷墓誌　正書，熙平二年八月，河南洛陽出土，今藏河南圖書館。

李太妃墓誌　正書，熙平二年十一月，河南洛陽出土，今藏江蘇武進陶氏。

耿壽姬墓誌　正書，神龜元年二月，河南洛陽出土。

元祐墓誌　正書，神龜元年五月，河南洛陽出土，今藏河南項城袁氏。

孫惠蔚墓誌　正書，神龜元年五月，河南洛陽出土，今藏洛陽雷氏。

元遥墓誌　正書，神龜二年八月，今藏陝西三原于氏。

元騰墓誌　正書，神龜二年十月，河南洛陽出土，今藏河南圖書館。

元挺妻穆氏墓誌　正書，神龜二年十月，河南洛陽出土，今藏陝西三原于氏。

韓玄墓誌　正書，神龜二年十一月，今藏北平端氏。

青州刺史殘墓誌　正書，神龜二年，今藏北平端氏。

尉太妃墓誌　正書，神龜三年六月，河南洛陽出土，今藏陝西三原于氏。

唐雲墓誌　正書，正光元年三月，河南洛陽出土。

劉阿素墓誌　正書，正光元年十月，今藏陝西三原于氏。

馮迎男墓誌　正書，正光二年三月，河南洛陽出土，今藏浙江寧波馬氏。

劉莘仁墓誌　正書，正光二年三月，河南洛陽出土，今藏陝西三原于氏。

王遺女墓誌　正書，正光二年三月，河南洛陽出土，今藏陝西三原于氏。

于高頭墓誌　正書，正光二年四月，河南洛陽。或云僞刻。

劉蕙芳墓誌　正書，正光二年五月，河南洛陽出土。

張㦤妻李淑貞墓誌　正書，正光二年七月，河南洛陽出土。

惠猛墓誌　正書，正光二年十二月，今藏北平端氏。

鄭道忠墓誌　正書，正光二年十二月，河南開封出土，今藏開封酈氏。

齊郡王妃常氏墓誌　正書，正光四年二月，河南洛陽出土，今藏日本大倉氏。

元暉墓誌　正書，正光四年五月，河南洛陽出土。

綦儁墓誌　正書，正光四年九月。

元昭墓誌　并蓋，正書，正光五年三月，河南洛陽出土，今藏河北天津張氏。

元平墓誌　正書，正光五年三月，河南洛陽出土，今藏陝西三原于氏。

尼統慈慶墓誌　常景撰，李寧民正書，正光五年五月，河南洛陽出土，今藏浙江上虞羅氏。

許淵墓誌　正書，正光六年正月，今藏山東諸城王氏。

徐法智墓誌　正書，正光六年正月，今藏日本江藤氏。

元匡墓誌　并蓋，正書，孝昌元年，河南洛陽出土。

元華光墓誌　正書，孝昌元年九月，河南洛陽出土，今藏浙江上虞羅氏。

元纂墓誌　正書，孝昌元年十一月，河南洛陽出土，今藏江蘇武進陶氏。

元暐墓誌　正書，孝昌元年十一月，河南洛陽出土，今藏江蘇武進陶氏。

元熙墓誌　正書，孝昌元年十一月，河南洛陽出土。

孫世樹墓誌　正書，孝昌二年正月，河南洛陽出土。

寇偘墓誌　正書，孝昌二年十二月，河南洛陽出土。

董偉墓誌　正書，孝昌三年二月，河南洛陽出土，今藏陝西三原于氏。

元乂墓誌　正書，孝昌三年七月，河南洛陽出土。

王誦墓誌　正書，建義元年四月，河南洛陽出土，今藏江蘇武進陶氏。

元廞墓誌　正書，建義元年四月，河南洛陽出土。

元略墓誌　正書，建義元年七月，河南洛陽出土，今藏江蘇武進陶氏。

陸紹墓誌　正書，建義元年七月，河南洛陽出土，今藏雲南騰沖李氏。

吐谷渾墓誌　正書，建義元年七月，河南洛陽出土，今藏陝西三原于氏。

元周安墓誌　正書，建義元年九月，河南洛陽出土，今藏陝西三原于氏。

元毓墓誌　正書，建義元年十月，河南洛陽出土，今藏浙江紹興周氏。

王誦妻元氏墓誌　正書，建義二年二月，河南洛陽出土，今藏江蘇武進陶氏。

唐耀墓誌　正書，永安元年十一月，河南洛陽出土，今藏陝西三原于氏。

元維墓誌　正書，永安二年三月，河南洛陽出土，今藏河北天津徐氏。

王舒墓誌　正書，永安三年九月，河南洛陽出土，今藏浙江吴興徐氏。

元誨墓誌　正書，普泰元年三月，今藏江蘇武進陶氏。

穆紹墓誌　正書，普泰元年十月，河南洛陽出土，今藏北京大學考古學室。

賈瑾墓誌　正書，普泰元年十月，今藏奉天義州李氏。

元顥墓誌　正書，太昌元年八月，河南洛陽出土。

元頊墓誌　正書，太昌元年八月，河南洛陽出土，今藏河北天津徐氏。

薛孝通墓誌　正書，太昌元年八月，今藏陝西長安暴氏。

李彰墓誌　正書，太昌元年九月，河南洛陽出土，今藏江蘇太倉陸氏。

李祐墓誌　正書，永熙元年六月，河南洛陽出土。

石使君夫人戴育墓誌　正書，永熙二年十一月，河南洛陽出土。

王君墓誌　正書，永熙二年，今藏山東諸城王氏。

邢勗墓志　正書，無年月，河北任丘邢村。

濟南王元獻墓記　正書，無年月，河南洛陽出土。

公主墓石　正書，無年月，河北磁縣。

東魏

孫彦同墓誌　正書，天平三年正月，河南洛陽。或云僞刻。

浄智師塔銘　正書，元象元年四月，今藏陝西長安暴氏。

郗蕋秩銘　正書，興和二年閏五月，今藏貴州貴築姚氏。

王顯慶墓記　正書，興和二年九月，今藏江蘇武進陶氏。

范思彦墓誌　正書，興和三年正月，河南洛陽出土，今藏浙江山陰范氏。

元寶建墓誌　正書，興和三年八月，河北磁縣出土，今藏浙江會稽顧氏。

元悰墓誌　正書，武定元年三月，河南洛陽出土，今藏浙江紹興周氏。

王令媛墓誌　正書，武定二年八月，河南洛陽出土，今藏安陽古物保存所。

隗天念墓誌　正書，武定二年十一月，今藏河北天津姚氏。

盧貴蘭墓誌　正書，武定二年十二月，河南洛陽出土，今藏浙江上虞羅氏。

鄭君墓誌　正書，武定三年，河南洛陽出土，今藏浙江會稽顧氏。

元晬墓誌　正書，武定三年十一月，河南洛陽出土，今藏浙江吴興張氏。

章武王妃盧氏墓誌　正書，武定四年十一月，今藏江蘇武進陶氏。

高歡墓石闕　正書，武定五年正月，原在河北磁縣，今佚。

陸順華墓誌　正書，武定五年十一月，河南洛陽出土，今藏安陽古物保存所。

馮令華墓誌　八分書，武定五年十一月，河南洛陽出土，今藏安陽古物保存所。

元韶墓誌　正書，武定六年六月，今藏河北定縣金石保存所。

源摩耶壙記 正書，武定八年三月，今藏北平端氏。

彭城太妃墓志 正書，無年月。

鮑寄神坐 八分書，無年月，河南洛陽出土。

謝君神道 篆書陽文，無年月，河南洛陽出土。

北齊

元賢墓誌 正書，天保二年十一月，河南彰德出土，今藏浙江吴興張氏。

司馬遵業墓誌 正書，天保四年二月，河北磁縣出土，今藏廣東番禺姚氏。

竇泰墓志 八分書，天保六年二月，今藏河南安陽古物保存所。

王憐妻趙氏墓誌 正書，天保六年七月，山東掖縣出土，今藏江蘇吴縣吴氏。

高建墓誌 正書，天保六年十月，河北磁縣出土，今藏江蘇武進陶氏。

謝歡同銘記 正書，天保九年十月，今藏北平端氏。

皇甫琳墓誌 正書，天保九年十一月，今藏江蘇武進陶氏。

董顯銘記　正書，乾明元年，今藏北平端氏。

石信墓誌　正書，太寧元年，河北磁縣出土，今藏河南安陽古物保存所。

憑法師塔記　正書，河清二年三月，河南洛陽出土，今藏安陽雲泉寺後山。

尒朱氏墓誌　正書，河清三年正月，河南安陽出土，今藏陝西三原于氏。

高百年墓誌　八分書，河清三年三月，河北磁縣出土，今藏江蘇武進陶氏。

斛律氏墓誌　八分書，河清三年三月，河北磁縣出土，今藏江蘇武進陶氏。

赫連公夫人閻氏墓誌　八分書，河清三年十二月　河南彰德出土，今藏陝西三原于氏。

趙道德墓誌　正書，天統元年十一月，河南安陽出土，今藏浙江吴興張氏。

張起墓誌　正書，天統元年十一月，河北定縣出土。

宇文誠墓誌　正書，武平元年六月，今藏浙江吴興張氏。

乞伏保達墓誌　正書，武平二年二月，今藏河北天津金氏。

梁子彦墓誌　正書，武平二年四月，河南安陽出土。

逢君墓誌　正書，武平二年，山東沂水出土。

赫連子悦墓誌　八分書，武平四年十一月，河南彰德出土，今藏陝西三原于氏。

高建妻王氏墓誌　正書，武平四年十一月，今藏江蘇武進陶氏。

高僧護墓誌　正書，武平四年十一月，河北景縣出土，今藏陝西三原于氏。

魏懿墓誌　正書，武平五年十一月，河南洛陽出土。

鄭子尚墓誌　正書，武平五年十二月，河南洛陽出土，今藏浙江上虞羅氏。

隴東王神道右闕　篆書陽文，無年月，今藏河南安陽古物保存所。

僧勗墓記　正書，無年月，今藏河北天津姚氏。

北周

韓木蘭墓誌　正書，天和三年十一月，今藏陝西三原于氏。

張君夫人郝氏墓誌　正書，建德六年三月，今藏河北天津王氏。

安寧墓誌　正書，建德六年四月，舊藏江蘇丹徒劉氏。

時珍墓誌　正書，宣政元年十二月，今藏陝西三原于氏。

寇嶠妻薛氏墓誌　正書，宣政二年正月，今藏浙江吴興徐氏。

寇胤哲墓誌　正書，宣政二年正月，今藏江蘇武進陶氏。

太妃盧蘭墓誌　正書，大象二年十一月，河南洛陽出土，今藏陝西三原于氏。

蕭君墓誌　正書，無年月。

隋

唐公墓誌　正書，開皇二年，山東歷城出土。

驃騎大將軍□静墓誌　正書，開皇二年十月，今藏浙江上虞羅氏。

申貴墓誌　正書，開皇三年九月，今藏河北天津王氏。

寇夫人姜氏墓誌　正書，開皇三年十月，今藏陝西三原于氏。

王夫人張氏墓誌　正書，開皇四年十月，今藏江蘇嘉定錢氏。

淳于儉墓誌　正書，開皇八年十一月，今藏山東淄川縣學。

韋略墓誌　正書，開皇八年十二月，河南許昌。

暴永墓誌　八分書，開皇九年七月，今藏北平楊氏。

鄭夫人墓誌　八分書，開皇九年十月，河南洛陽出土，今藏陝西三原于氏。

張壽墓誌　正書，開皇十一年二月，今藏陝西三原于氏。

郯君墓誌　正書，開皇十一年閏十二月，陝西長安出土，原藏湖北漢陽葉氏，今不知所在。

李欽墓誌　正書，開皇十二年十二月，今藏陝西三原于氏。

大融法師塔誌　正書，開皇十三年，河南安陽寶山。

信行禪師塔誌　正書，開皇十四年正月，河南湯陰。

静澄法師碎身塔記　八分書，開皇十四年，河南安陽寶山。

趙君殘墓誌　正書，開皇十四年十二月，今藏浙江定海方氏。

燕孝禮墓誌　正書，開皇十五年十月，山東益都出土，今藏山濰東縣郭氏。

劉明妻梁氏合葬墓誌　正書，開皇十八年五月，今藏陝西三原于氏。

宋盛墓誌　正書，開皇十八年十月，今藏河北天津姚氏。

陳翊墓誌　正書，開皇二十年十二月，舊在湖北襄陽，今不知所在。

比丘道寂塔記　正書，仁壽元年正月，河南安陽寶山。

伊璣墓誌　正書，仁壽元年二月，河北安縣出土。

趙韶墓誌　正書，仁壽元年七月，河南安陽出土，今藏河北天津姚氏。

申穆夫人李氏合葬墓誌　正書，仁壽元年十一月，山西潞城出土。

申穆墓誌　八分書，仁壽元年十一月，今藏山東泰安趙氏。

比丘慈明塔記　正書，仁壽三年四月，今在河南安陽萬佛溝。

薛軌墓誌　八分書，仁壽四年正月，河南開封出土，今藏河南圖書館。

馮君夫人李玉琦墓誌　八分書，仁壽四年十一月，河南輝縣出土。

馮夫人盧璇芷墓誌　八分書，仁壽四年十一月，河南輝縣出土。

王善來墓誌　正書，大業元年十月，今藏安徽建德周氏。

鞠遵墓誌　正書，大業二年正月，今藏山東黄縣學宫。

郭夫人墓誌　正書，大業二年五月，今藏北平端氏。

陳思道墓誌　正書，大業二年九月，陝西長安出土。

李沖墓誌　正書，大業二年十二月，今藏河北天津王氏。

蔡君妻張貴男墓誌　正書，大業二年十二月，今藏河北天津曹氏。

賀蘭才墓誌　正書，蓋篆書陽文，大業二年，陝西涇陽出土。

王夫人墓誌　八分書，大業三年五月，今藏廣東番禺羅氏。

郭雲墓誌　正書，大業三年，原藏湖北蘄水陳氏，今不知所在。

蘇順墓誌　正書，大業四年二月，山西長子出土。

吕胡墓誌　正書，大業五年十一月，河南洛陽出土，今藏陝西三原于氏。

劉宫人墓誌　正書，大業六年正月，今藏陝西三原于氏。

范高墓誌　八分書，大業六年四月，河南洛陽出土，今藏河南圖書館。

梁瓌墓誌　正書，大業六年七月，河南洛陽出土，今藏河北天津徐氏。

楊秀墓誌　正書，大業六年十月，河南洛陽出土，今藏陝西三原于氏。

徐智竦墓誌　正書，大業六年十一月，廣東廣州出土，今藏廣東番禺胡氏。

朱宫人墓誌　正書，大業六年十二月，河南洛陽出土，今藏陝西三原于氏。

李宫人墓誌　八分書，大業七年五月，河南洛陽出土，今藏陝西三原于氏。

元鍾墓誌　正書，大業七年十月，河南洛陽出土，今藏江蘇武進陶氏。

蕭瑒墓誌　正書，大業七年十二月，河南洛陽出土，今藏洛陽雷氏。

郭達暨夫人侯氏墓誌　八分書，大業八年正月，今藏安徽建德周氏。

孟孝敏妻劉氏墓誌　正書，大業八年二月，河南洛陽出土，今藏陝西三原于氏。

馬懷玉墓誌　正書，大業八年三月，河南洛陽。

孔神通墓誌　正書，大業八年十一月，河南洛陽出土，今藏河北天津徐氏。

陳宫人墓誌　正書，大業九年正月，河南洛陽出土，今藏陝西三原于氏。

張業墓誌　正書，大業九年二月，河南洛陽出土，今藏陝西三原于氏。

姜明墓誌　正書，大業九年三月，河南開封出土，今藏河南圖書館。

豆盧實墓誌　八分書，大業九年十月，河南開封出土，今藏河南圖書館。

趙朗墓誌　正書，大業九年十月，河南洛陽出土，今藏河南圖書館。

宋仲墓誌　八分書，大業九年十二月，河南洛陽出土。

蕭瑾墓誌　八分書，大業九年十二月，河南洛陽出土，今藏江蘇常熟曾氏。

牛弘第三女暉墓誌　八分書，大業十年三月，河南洛陽出土，今藏陝西三原于氏。

賈元贊墓誌　正書，大業十年六月，今藏河北天津徐氏。

唐宫人墓誌　正書，大業十年十月，河南洛陽出土，今藏陝西三原于氏。

張軻墓誌　正書，大業十年十一月，河南洛陽出土，今藏陝西三原于氏。

崔玉墓誌 正書，大業十一年正月，今藏江蘇江寧孫氏。

唐該墓誌 八分書，大業十一年二月，今藏江蘇武進陶氏。

張波墓誌 正書，大業十一年三月，河南洛陽出土，今藏河南圖書館。

伍道進墓誌 正書，大業十一年三月，今藏陝西三原于氏。

李富娘墓誌 正書，大業十一年五月，今藏浙江吴興張氏。有複刻本，爲天津王氏所藏。

周德墓誌 正書，大業十一年十一月，今藏江蘇武進陶氏。

□徹墓誌 八分書，大業十二年三月，河南洛陽出土，今藏江蘇常熟曾氏。

羊本墓誌 正書，大業十二年七月，今藏河南洛陽存古閣。

楊厲墓誌 正書，大業十二年七月，河南洛陽出土，今藏江蘇武進陶氏。

卞鑿墓誌 正書，大業十二年十月，河南洛陽出土，今藏江蘇毘陵吴氏。

□直墓誌 八分書，大業十二年十月，河南洛陽出土，今藏浙江寧波馬氏。

宇文氏墓誌 正書，大業十二年十月，今藏陝西三原于氏。

李寶墓誌 正書，大業十二年十二月，山西屯留。

石輔益墓誌 正書，無年月，今藏浙江吴興張氏。

蕭夫人袁氏墓誌　正書，無年月，河南洛陽出土，今藏北平歷史博物館。

普相法師塔記　正書，無年月，河南安陽寶山。

靈裕法師塔記　正書，無年月，河南安陽寶山。

處士王仲墓誌　正書，鄭王世充開明元年九月，原藏北平端氏。

韋匡伯墓誌　正書，鄭開明二年七月，今藏奉天義州李氏。

崇雅堂碑録補卷之一終

崇雅堂碑録補卷之二

潛江甘鵬雲藥樵編

唐

闕道愛墓誌　八分書，貞觀元年二月，今藏新安張氏千唐誌齋。以下凡不著所在地者皆張氏藏石也，發凡於此。

儀同三司黎陽鎮將程鐘墓誌　正書，貞觀年元十月。

蔣國夫人墓誌　八分書，貞觀三年七月。

胡質墓誌　正書，貞觀四年正月。

□檡墓誌　正書，貞觀五年二月。

河陰縣主簿張濬墓誌　八分書，貞觀六年十一月。

平原郡將陵縣令張伯墓誌　正書，貞觀七年二月。

蒲州虞鄉縣丞王安墓誌　正書，貞觀八年五月。

處士李繼叔墓誌　正書，貞觀八年八月。

田夫人墓誌　正書，貞觀八年八月。

長孫家慶墓誌　正書，貞觀九年。

陳夫人劉氏墓誌　正書，貞觀十一年七月。

張舉墓誌　正書，貞觀十一年。

張騷墓誌　正書，貞觀十三年十一月。

賈仕通墓誌　正書，貞觀十五年五月。

□賓墓誌　正書，貞觀十七年十一月。

開府右尚令王仁則墓誌　正書，貞觀十八年二月。

張夫人楊氏墓誌　正書，貞觀十九年五月。

張綱墓誌　正書，貞觀十九年十月。

魏文德墓誌　正書，貞觀二十年六月。

□忠墓誌　正書，貞觀二十年九月。

薛朗墓誌　正書，貞觀二十三年九月。

騎都尉王君夫人馬氏墓誌　正書，貞觀二十年十月。

□相志墓誌　正書，貞觀二十年十月。

涪州永安縣令樂善文墓誌　正書，貞觀二十一年十月。

劉夫人徐氏墓誌　正書，貞觀二十一年十月。

徵士向英墓誌　正書，貞觀二十一年十一月。

武騎尉張□□墓誌　正書，貞觀二十二年正月。

梁基墓誌　正書，貞觀二十二年九月。

處士任道墓誌　正書，貞觀二十二年十二月。

倉部侍郎辛衡鄉墓誌　正書，貞觀二十二年十二月。

郢州參軍事胡寶墓誌　正書，貞觀二十二年十二月。

處士宋元盛墓誌　正書，貞觀二十二年閏十二月。

趙榮墓誌　正書，貞觀二十三年二月。

和州香林府長史張雲墓志　正書，貞觀二十三年四月。

鄧州司倉張舒墓誌　正書，貞觀二十三年八月。

段夫人墓誌　正書，永徽元年五月。

處士張鳳憐墓誌　正書，永徽元年六月。

張寶墓志　正書，永徽元年八月。

毛文通墓誌　正書，永徽元年十月。

新鄉縣令王順孫墓誌　正書，永徽二年二月。

仇道及夫人袁氏墓誌　正書，永徽二年四月。

李如願墓誌　正書，永徽二年六月。

單信墓誌　正書，永徽二年六月。

處士張義墓誌　正書，永徽二年八月。

楊仁方墓誌　正書，永徽二年九月。

楊基墓誌　正書，永徽二年九月。

洛州伊蘭縣李賽墓誌　正書，永徽二年十月。

夫人唐氏墓誌　正書，永徽二年十月。

楊夫人馬氏墓誌　正書，永徽二年十二月。

許士端墓誌　正書，永徽二年。

牛夫人申氏墓誌　正書，永徽三年二月。

楊伯隴墓誌　正書，永徽三年二月。

遊擊將軍吳孝墓誌　正書，永徽三年三月。

處士李清墓誌　正書，永徽三年四月。

貝州臨清縣令王宏墓誌　正書，永徽三年七月。

蓋夫人墓誌　正書，永徽三年九月。

顔瓌墓誌　正書，永徽三年十月。

孫夫人墓誌　正書，永徽三年十月。

楊清墓誌　正書，永徽三年十月。

宮官司設墓誌　正書，永徽三年十月。

隨左龍驤驃騎王協墓誌　正書，永徽四年三月。

姚思忠墓誌　正書，永徽四年五月。

公孫達墓誌　正書，永徽四年七月。

楊夫人墓誌　正書，永徽四年九月。

慶州弘化縣令張晈墓誌　正書，永徽四年九月。

穀水鄉君張夫人墓誌　正書，永徽四年十一月。

華歆墓誌　正書，永徽五年三月。

趙夫人墓誌　正書，永徽五年三月。

夫人淑德墓誌　正書，永徽五年五月。

殘墓誌　正書，永徽五年五月。

曹州離狐縣君蓋夫人孫氏墓誌　正書，永徽五年五月。

洛陽縣淳俗鄉君劾夫人墓誌　正書，永徽六年二月。

沈士公墓誌　正書，永徽六年二月。

朝散大夫元勇墓誌　正書，永徽六年四月。

王孝瑜夫人孫氏墓誌　正書，永徽六年四月。

張才墓誌　賀無名撰，正書，永徽六年。

洛汭府隊正李表墓誌　正書，永徽六年五月。

左翊衛金谷府司馬權開善墓誌　正書，永徽六年五月。

路基妻解氏墓誌　正書，永徽六年七月。

王㺹達墓誌　正書，永徽六年九月。

韓遷墓誌　正書，永徽六年十月。

張義墓誌　正書，永徽六年十一月。

王夫人郭氏墓誌　正書，永徽六年十二月。

永嘉府隊副張羊墓誌　正書，顯慶元年二月。

王夫人陰氏墓誌　正書，顯慶元年三月。

處士范重明墓誌　正書，顯慶元年五月。

張弘秀墓誌　正書，顯慶元年五月。

張夫人墓誌　正書，顯慶元年七月。

晉王祭酒車詵墓誌　正書，顯慶元年九月。

程雄墓誌　正書，顯慶元年十月。

許州鄢陵縣令張盛墓誌　正書，顯慶元年十一月。

文林郎張金剛墓誌　正書，顯慶元年十二月。
王卿及夫人任氏墓誌　正書，顯慶元年十二月。
汴州封丘縣令張才墓誌　正書，顯慶二年正月。
張夫人惠墓誌　正書，顯慶二年二月。
京兆杜文貢墓誌　正書，顯慶二年二月。
吴纂墓誌　正書，顯慶二年四月。
常德妻柳氏墓誌　正書，顯慶二年八月。
霍夫人墓誌　正書，顯慶二年八月。
張貴墓誌　正書，顯慶二年九月。
臨清縣令王君妻李氏墓誌　正書，顯慶二年十一月。
黄梅縣尉韓政墓誌　正書，顯慶二年十月。
高達墓誌　正書，顯慶三年正月。
宋王氏墓誌　正書，顯慶三年三月。
宣義郎周紹業墓誌　正書，顯慶三年四月。

徐德墓誌　正書，顯慶三年四月。

韓承墓誌　正書，顯慶三年八月。

王夫人墓誌　正書，顯慶三年十月。

刑部中郎定州司馬辛驥墓誌　崔行功撰，正書，顯慶三年十一月。

處士洛州成朗墓誌　正書，顯慶四年二月。

絳州夏縣丞張弘墓誌　正書，顯慶四年五月。

萇夫人墓誌　正書，顯慶四年七月。

隨并州司兵張義墓誌　正書，顯慶四年七月。

呼倫縣開國男新林府果毅公諱陁墓誌　正書，顯慶四年八月。

陪戎副尉安度墓誌　正書，顯慶四年十一月。

段夫人墓誌　正書，顯慶四年十二月。

都水監舟檝令孟普墓誌　正書，顯慶五年正月。

張居士振墓誌　正書，顯慶五年正月。

王進墓誌　正書，顯慶五年二月。

宋豐墓誌 正書，顯慶五年三月。

鄜州直羅縣丞張德操墓誌 正書，顯慶五年三月。

處士趙軌墓誌 正書，顯慶五年五月。

王郎將力士墓誌 正書，顯慶五年七月。

張泉墓誌 正書，顯慶五年七月。

崔誠墓誌 正書，顯慶五年壬申二月。

常夫人墓誌 正書，顯慶五年七月。

二品宫人墓誌 正書，顯慶五年七月。

上護軍行邛州蒲江縣令蕭慎墓誌 賀紀撰，正書，顯慶五年八月。

夫人封氏墓誌 正書，顯慶五年十月。

潞州長史真定郡公許行師墓誌 正書，顯慶五年十一月。

真定郡公許緒墓誌 正書，顯慶五年十二月。

武騎尉賈欽墓誌 正書，顯慶五年十二月。

處士賈德茂墓誌 正書，顯慶五年十二月。

康夫人史氏墓誌　正書，顯慶六年三月。

董夫人任氏墓誌　正書，龍朔元年三月。

處士□長墓誌　正書，龍朔元年四月。

張善墓誌　正書，龍朔元年四月。

張夫人高氏墓誌　正書，龍朔元年十一月。

將仕郎段合墓誌　正書，龍朔元年十一月。

田惠墓誌　正書，龍朔二年六月。

韓文及夫人潘氏墓誌　正書，龍朔二年八月。

□□□師墓誌　正書，龍朔三年正月。

昭武校尉秦義墓誌　正書，龍朔三年正月。

舒王府典軍王仁墓誌　正書，龍朔三年二月。

女□□墓誌　正書，龍朔三年六月。

王楷墓誌　正書，龍朔三年八月。

處士蘭達墓誌　正書，龍朔三年八月。

常開墓誌　正書，龍朔三年八月。

蒲州汾陰縣丞上柱國李靖墓誌　正書，龍朔三年八月。

皇甫宇墓誌　正書，龍朔三年八月。

處士樊端墓誌　正書，龍朔三年十月。

文林郎伍願德墓誌　正書，龍朔三年十一月。

揚州大都督府户曹夫人墓誌　正書，龍朔三年十一月。

遊擊將軍高望府果毅□□敬墓誌　正書，龍朔三年十一月。

劉夫人墓誌　正書，龍朔三年十二月。

始州黄安縣令傅交益墓誌　正書，龍朔三年十二月。

掖庭宫司王氏墓誌　正書，麟德元年二月。

陪戎尉王德妻鮮于氏墓誌　正書，麟德元年七月。

驍騎尉皇甫璧墓誌　正書，麟德元年八月。

衡州司馬王善通墓誌　正書，麟德元年十月。

邊師墓誌　正書，麟德元年十月。

翊衛大督羅端墓誌　正書，麟德元年十一月。

幽州先賢府車騎王昭仁墓誌　正書，麟德元年十二月。

校尉君墓誌　正書，麟德元年□月。

護軍李遠墓誌　正書，麟德二年正月。

□仁㥾墓誌　正書，麟德二年二月。

夫人王氏墓誌　正書，麟德二年三月。

王夫人相兒墓誌　正書，麟德二年六月。

宫人九品墓誌　正書，麟德二年七月。

宫人九品墓誌　正書，麟德二年七月。

賈信墓誌　正書，麟德二年八月。

王惠墓誌　正書，麟德二年八月。

張思言墓誌　正書，麟德二年八月。

文林郎支敬倫墓誌　正書，麟德二年九月。

宫人九品墓誌　正書，麟德二年九月。

朝宣大夫王宣墓誌　正書，麟德二年十月。

驍騎尉馮貞墓誌　正書，麟德二年十二月。

張寬墓誌　正書，麟德三年正月。

董師墓誌　正書，乾封元年正月。

處士王延墓誌　正書，乾封元年二月。

歙司馬來僧墓誌　正書，乾封元年四月。

張夫人梁氏墓誌　正書，乾封元年九月。

□□□字德墓誌　正書，乾封元年十一月。

上開府董蔡墓誌　正書，乾封二年二月。

處士張海墓誌　正書，乾封二年八月。

處士張伯隴墓誌　正書，乾封二年八月。

黔州洪杜縣丞張善并夫人上官氏墓誌　正書，乾封二年十月。

靖千年墓誌　正書，乾封二年十月。

虢州閿鄉縣丞孫恭墓誌　正書，乾封二年閏十二月。

李弘墓誌　正書，乾封二年閏十二月。

□□彦墓誌　正書，乾封三年正月。

王師墓誌　正書，乾封三年正月。

潞州襄垣縣令裴嗣墓誌　正書，乾封二年正月。

南夫人高氏墓誌　正書，總章元年五月。

處士李文墓誌　正書，總章元年六月。

郕鄘府隊副梁方墓誌　正書，總章元年十一月。

右戎衛翊衛徐買墓誌　正書，總章二年正月。

李夫人墓誌　正書，總章二年三月。

趙義本墓誌　正書，總章二年九月。

處士上官義墓誌　正書，總章二年十一月。

王□□墓誌　正書，總章三年正月。

張夫人墓誌　正書，總章三年三月。

劉德潤墓誌　正書，咸亨元年三月。

魏王儲參軍毛景墓誌　正書，咸亨元年六月。〔一〕

處士索行墓誌　正書，咸亨元年閏九月。

齊州歷城縣令狄通墓誌　正書，咸亨元年閏九月。

曹州離狐縣丞蓋蕃墓誌　正書，咸亨元年十月。

相州湯陰縣令王君德墓誌　正書，咸亨元年十月。

處士穆顧墓誌　正書，咸亨元年十月。

朱通墓誌　正書，咸亨元年十月。

交州督府參軍樊玄墓誌　正書，咸亨元年十月。

荆州大都督郯襄公墓誌　正書，咸亨二年。

吴王府執仗張節墓誌　正書，咸亨二年正月。

周王西閤祭酒程務忠妻鄭氏墓誌　正書，咸亨二年四月。

張夫人王氏墓誌　正書，咸亨二年八月。

〔一〕原文作「咸元亨年」，误。

夫人宋五娘墓誌　正書，咸亨二年十一月。
平陽路夫人墓誌　正書，咸亨三年二月。
陪戎副尉康武通墓誌　正書，咸亨三年二月。
王文超墓誌　正書，咸亨三年三月。
處士淳于恭及夫人陳氏墓誌　正書，咸亨三年十一月。
淮南郡太守慕容三藏墓誌　正書，咸亨四年二月。
成夫人墓誌　正書，咸亨四年六月。
彭夫人安定鄉君侯氏墓誌　正書，咸亨四年十月。
張威及夫人賈氏墓誌　正書，咸亨四年十一月。
飛騎尉王則墓誌　正書，咸亨五年二月。
處士張才墓誌　正書，咸亨五年七月。
潞州禮會府果毅王客墓誌　正書，咸亨五年十月。
夫人王氏墓誌　正書，咸亨□年二月。
洛汭府隊正董軸墓誌　正書，上元元年十月。

宫人九品墓誌　正書，上元二年二月。

刑部尚書長孫君墓誌　正書，上元二年二月。

滄州東光縣令許行本墓誌　正書，上元二年二月。

處士左祜墓誌　正書，上元二年三月。

丁贇墓誌　正書，上元二年十一月。

李君彦及夫人魏氏墓誌　正書，上元三年七月。

袁夫人柳氏墓誌　正書，上元三年十一月。

封州司馬董玄邈墓誌　正書，儀鳳二年二月。

殤子王烈墓誌　八分書，儀鳳二年五月。

陪戎校尉趙臣墓誌　正書，儀鳳二年九月。

康夫人曹氏墓誌　正書，儀鳳二年十一月。

唐州録事參軍王烈墓誌　正書，儀鳳三年正月。

慈州□□□元善妻孫氏墓誌　正書，儀鳳三年四月。

處士王寶墓誌　正書，儀鳳三年十月。

尚書吏部郎中張仁禕墓誌　徐令撰，正書，儀鳳四年正月。

左衛率府翊衛王晟墓誌　正書，儀鳳四年正月。

陪戎尉弘樂懿墓誌　正書，儀鳳四年正月。

宮人墓誌　正書，儀鳳四年五月。

宮人墓誌　正書，調露元年七月。

左親衛長上校樂玉墓誌　正書，調露元年八月。

四品宮人墓誌　正書，調露元年八月。

右千牛府曹參軍墓誌　正書，調露元年八月。

陪戎副尉羅甑生墓誌　正書，調露元年十月。

宮人九品墓誌　行書，調露元年十一月。

何摩訶墓誌　正書，調露□年二月。

冀州南宫縣尉武騎尉邢弢墓誌　正書，永隆二年二月。

王夫人吕氏墓誌　正書，永隆二年四月。

處士王□□墓誌　正書，永隆二年四月。

王明墓誌　正書，永隆二年七月。

左威衛郟鄏府司馬杜才墓誌　正書，開耀元年十一月。

司禦率府翊衛張玄墓志　正書，開耀元年十二月。

處士李師子墓誌　正書，永淳元年三月。

上柱國張和墓誌　正書，永淳元年三月。

涼國公府長史張達墓誌　正書，永淳元年十月。

文林郎張貴寬墓誌　正書，永淳元年十月。

巫州龍標縣令崔志道墓誌　靈獻撰，正書，永淳元年十一月。

太常寺太樂縣令暢昉墓誌　正書，弘道元年十月。

上柱國成綸墓誌　正書，文明元年六月。

左驍騎翊衛□義墓誌　正書，文明元年七月。

昌平縣開國男趙承慶墓誌　正書，垂拱元年正月。

強山監録成德墓誌　正書，垂拱元年二月。

登仕郎丁範墓誌　正書，垂拱元年十月。

宋州録事介朱旻墓誌　正書，垂拱元年十月。

潁州潁上縣令獨孤守義墓誌　正書，垂拱元年十月。

管思禮墓誌　正書，垂拱二年十月。

周夫人孫氏墓誌　正書，垂拱三年閏正月。

邵州刺史長樂縣開國男□守義墓誌　正書，垂拱三年二月。

上柱國右武衛長史張成墓誌　正書，垂拱三年五月。

樊氏六娘七娘九娘墓誌　正書，垂拱三年十月。

崔夫人柔儀墓誌　正書，垂拱四年正月。

宫人八品墓誌　正書，垂拱四年正月。

守内寺伯飛騎尉成忠墓誌　正書，垂拱四年三月。

王府兵曹參軍陸紹墓誌　正書，垂拱四年五月。

冀州刺史武欽載墓誌　正書，垂拱四年十二月。

陪戎副尉張君妻邢氏墓誌　正書，永昌元年九月。

柳夫人杜氏墓誌　正書，天授二年正月。

宫人墓誌　正書，天授二年正月。
洛州王智通墓誌　正書，天授二年二月。
魏州館陶縣主簿皇甫玄志墓誌　正書，天授二年二月。
伊州刺史上柱國衡義整墓誌　史寶定撰，董履素正書，天授二年二月。
溱州司户崔思古墓誌　正書，天授二年二月。
常州無錫縣令楊陶墓誌　正書，天授二年二月。
夫人任氏墓誌　正書，天授二年四月。
陳崇本墓誌　正書，天授二年六月。
新城郡樊太君墓誌　正書，天授二年七月。
雍州美原縣扈小沖墓誌　正書，天授二年八月。
皇甫君妻南陽縣君張氏墓誌　正書，天授二年九月。
宫人六品墓誌　行書，天授二年十月。
梁州司倉楊紹基墓誌　正書，天授二年十月。
廉州封山縣令爨英墓誌　正書，天授二年十月。

渭州利爾鎮將上柱國李文疑墓誌　正書，天授三年三月。

董本墓誌　正書，天授三年十月。

朱行墓誌　正書，如意元年四月。

騎都尉李琮墓誌　正書，如意元年五月。

文林郎楊名訓墓誌　正書，如意元年八月。

上柱國劉善寂墓誌　正書，長壽元年九月。

上柱國柏玄墓誌　正書，長壽二年正月。

張貞墓誌　正書，長壽二年正月。

舒饒二州別駕梁玄敏墓誌　正書，長壽二年二月。

宮人五品墓誌　行書，長壽二年四月。

六品亡宮墓誌　正書，長壽二年六月。

張道墓誌　正書，長壽二年六月。

文州刺史陳察墓誌　正書，長壽二年八月。

水衡縣丞王貞墓誌　正書，長壽二年八月。

處士張元墓誌　正書，長壽二年八月。
司宫臺内給事蘇永墓誌　正書，長壽二年十月。
王氏劉夫人墓誌　正書，長壽二年十月。
處士崔德墓誌　正書，長壽二年十二月。
康智墓誌　正書，長壽三年四月。
孫岐墓誌　正書，長壽三年四月。
澤州司馬張玄封墓誌　正書，長壽三年四月。
古夫人匹婁氏墓誌　正書，證聖元年正月。
右州方山縣令申守墓誌　正書，證聖元年正月。
許夫人崔氏墓誌　正書，證聖元年正月。
楊昇墓誌　正書，萬歲登封元年四月。
上柱國李起宗墓誌　正書，萬歲登封元年七月。
宫人墓誌　正書，萬歲通天元年五月。
陳州司馬上輕車都尉成循墓誌　正書，萬歲通天元年十月。

使持節會州諸軍事會州刺史公士尉□□銘記　行書，萬歲通天二年二月。

左春坊樂藏郎上柱國張金才墓誌　正書，萬歲通天二年二月。

王夫人薛氏墓誌　正書，萬歲通天二年二月。

陳玄墓誌　正書，萬歲通天二年二月。

司禮寺主簿趙睿墓誌　正書，萬歲通天二年四月。

文林郎路巖墓誌　正書，萬歲通天二年五月。

處士奚弘敬墓誌　正書，萬歲通天二年八月。

張仁師夫人關氏墓誌　正書，萬歲通天二年八月。

上柱國行隆州西水縣宰董希令墓誌　行書，萬歲通天二年十月。

常德墓誌　正書，丁酉八月。按，丁酉爲神功元年。

右翊衛清廟臺齋郎王豫墓誌　謝士良撰，正書，神功元年十月。

白州龍豪縣令呼延章墓誌　正書，神功元年十月。

處士前兗州曲阜縣令蓋暢墓誌　正書，聖歷元年正月。

慶州弘化縣尉暢懷禎墓誌　正書，聖歷元年二月。

何行感造象　正書，聖曆元年二月。

王恩惠妻孟氏墓誌　正書，聖曆元年五月。

蜀州長史鄭知賢墓誌　正書，聖曆元年六月。

嶲州刺史許樞墓誌　邵昇撰，正書，聖曆元年八月。

傅思諫墓誌　正書，聖曆元年九月。

上柱國高邈墓誌　正書，聖曆元年十月。

嶲州刺史許公夫人王氏墓誌　正書，聖曆二年正月。

崔夫人李氏墓誌　正書，聖曆二年正月。

至孝右率府翊衛崔仲俊墓誌　正書，聖曆二年正月。

潞州司法秦脩墓誌　正書，聖曆二年二月。

鄴縣尉王望之墓誌　正書，聖曆二年二月。

岐州雍縣尉王慶祚墓誌　正書，聖曆二年二月。

安邑明夫人李氏幽壤記　正書，聖曆二年二月。

滄州東光縣丞王進墓誌　正書，聖曆二年三月。

瀛州文安縣令王德表墓誌　薛稷撰，楊伋正書，聖曆二年三月。
武騎尉崔詔墓誌　正書，聖曆二年四月。
澤州長史楊正本妻韓令德墓誌　正書，聖曆二年六月。
同州白水縣令孔元墓誌　正書，聖曆二年八月。
蕭思一墓誌　正書，聖曆二年十月。
蕭言思墓誌　正書，聖曆二年十月。
鄧州穰縣令上護軍南元睞墓誌　正書，聖曆二年十月。
田志承墓誌　正書，聖曆三年正月。
唐州司馬上柱國閻基墓誌　正書，聖曆三年正月。
彭城劉胡墓誌　正書，聖曆三年正月。
明威將軍折衝都尉上柱國王建墓誌　正書，聖曆三年二月。
黔州石城縣主簿鄭遘墓誌　正書，聖曆四年五月。
宫人墓誌　正書，久視元年八月。
洛陽宫總監褚夫人王氏墓誌　正書，久視元年十月。

行鄧州司法參軍事袁承嘉墓誌　正書，久視元年十月。
永嘉府都尉孫阿貴妻竹氏墓誌　正書，大足元年三月。
婺州武義縣令元玄慶墓誌　正書，大足元年四月。
柏善德夫人仵氏墓誌　正書，大足元年五月。
宫人墓誌　正書，大足元年七月。
永州司倉王恩墓誌　正書，長安元年十一月。
秦夫人張氏墓誌　正書，長安二年正月。
宫人墓誌　正書，長安二年十一月。
文林郎王貞墓誌　正書，長安三年二月。
賈楚墓誌　正書，長安三年二月。
陳州司馬輕車都尉公士成夫人耿氏墓誌　正書，長安三年二月。
延州敦化府兵曹參軍事張士龍墓誌　正書，長安三年二月。
冀北縣令程思義墓誌　正書，長安三年二月。
魏州莘縣尉王養及妻成氏墓誌　正書，長安三年二月。

六品宮人墓誌　正書，長安三年四月。

左衛勳一府勳衛元瑛墓誌　正書，長安三年八月。

蒲州猗氏縣令□隆基墓誌　正書，長安三年十月。

岷州刺史張仁楚墓誌　正書，長安三年十月。

張茂墓誌　正書，長安三年十月。

處士董義墓誌　正書，長安三年十一月。

李玄福墓誌　正書，長安三年十二月。

杜夫人孫氏墓誌　正書，長安四年三月。

蔣夫人劉氏墓誌　正書，長安四年七月。

姚州刺史上柱國皇甫文備墓誌　正書，長安四年八月。

宮人墓誌　正書，年月泐。

行澧州司户參軍卜元簡墓誌　正書，神龍元年二月。

行司僕寺長澤監王及德墓誌　正書，神龍元年三月。

宮人八品墓誌　正書，神龍元年五月。

六品宫人墓誌　正書，神龍元年八月。

宫人墓誌　正書，神龍元年十一月。

宫人墓誌　正書，神龍元年十二月。

宫人墓誌　正書，神龍元年十二月。

宫人八品墓誌　正書，神龍二年正月。

亳州刺史李悉墓誌　正書，神龍二年正月。

宫人九品墓誌　正書，神龍二年四月。

上柱國行婺州東陽縣令桑貞墓誌　正書，神龍二年五月。

宫人七品墓誌　正書，神龍二年七月。

平昌孟公祖母陸氏墓誌　正書，神龍二年七月。

九品宫人墓誌　正書，神龍二年九月。

益州大都督參軍李延祐墓誌　正書，神龍二年十一月。

騎都尉李通墓誌　正書，神龍二年十一月。

興州刺史劉寂墓誌　正書，神龍二年十一月。

處士陳泰墓誌　正書，神龍二年十二月。
宫人九品墓誌　正書，神龍二年十二月。
宫人九品墓誌　正書，神龍三年七月。
河間邢夫人劉氏墓誌　正書，神龍三年七月。
許州扶溝縣主簿鄭道妻李氏墓誌　正書，景龍元年十二月。
忻州定襄縣令杜安墓誌　正書，景龍二年三月。
殿中侍御史王齊丘墓誌　路敬潛撰，正書，景龍三年五月。
冀州南宫縣尉邢德弢墓誌　正書，景龍三年八月。
朱陽縣開國男和智全墓誌　正書，景龍三年八月。
游擊將軍隰州逯□□□墓誌　正書，景龍三年十月。
雍州美原縣丞王景墓誌　正書，景龍三年十月。
王行果墓誌　正書，景龍三年十月。
行鴻臚掌客王感墓誌　正書，景龍三年十月。
南陽居士韓神墓誌　正書，景龍三年十一月。

宫人九品墓誌　正書，景龍三年十一月。

梓州銅山縣尉楊承福墓誌　寂淑撰，正書，景龍四年二月。

朱懷智墓誌　正書，景龍四年四月。

朝議郎行衛尉寺丞柳順墓誌　何茂撰，正書，景龍四年五月。

羅承先妻李氏墓誌　正書，景龍四年六月。

南海縣主長孫夫人李氏墓誌　正書，景雲元年九月。

吉州盧陵縣令上柱國李智墓誌　正書，景雲元年十一月。

李夫人趙氏墓誌　正書，景雲元年十一月。

守荆州大都督府司馬鄧森墓誌　王紹望撰，正書，景雲二年二月。

吴王府騎曹參軍張信墓誌　正書，景雲二年二月。

宫人墓誌　正書，景雲二年四月。

少府監織染署令王夫人張氏墓誌　正書，景龍二年十月。

劉公權墓誌　正書，景雲二年十一月。

孫何墓誌　正書，景雲三年正月。

夫人長孫氏墓誌　正書，先天元年十月。

右衛覃府親衛上騎督尉王傑墓誌　正書，先天元年十月。

石窟寺碑　正書，何文永立，皇祐二年十一月。

崇雅堂碑録補卷之二終

崇雅堂碑録補卷之三

潛江甘鵬雲藥樵編

唐

滎陽夫人毛氏墓記　正書，開元二年閏二月，今藏山東無棣吴氏。

大理寺評事封無遺墓誌　正書，開元三年二月。

邢思賢墓誌　正書，開元三年二月，今藏北平歷史博物館。

武榮州南安縣令王基墓誌　正書，開元三年三月。

桂州都督許義誠墓誌　正書，開元三年六月。

汴州浚儀縣尉梁焕墓誌　正書，開元三年八月。

亳州録事參軍崔君夫人李氏墓誌　正書，開元三年十月。

處士盧調墓誌　正書，開元三年十月。

岐州岐山府果毅安思節墓誌　正書，開元四年五月。

三洞法師侯尊墓誌　正書，開元四年十月。

使持節密州諸軍事密州刺史無希古墓誌　正書，開元五年正月。

右軍衛沙州龍勒府果毅都尉張方墓誌　正書，開元五年正月。

宫人七品墓誌　正書，開元五年二月。

朱貞墓誌　正書，開元五年三月。

源夫人崔氏墓誌　正書，開元五年三月。

義豐縣開國男崔宜之墓誌　正書，開元五年五月。

游擊將軍董嘉升墓誌　正書，開元五年十月。

韋頊墓誌　正書，開元六年七月，今藏陝西圖書館。

右衛左中候上柱國任明墓誌　正書，開元六年八月。

鄭州長史鉅鹿魏慤墓誌　正書，開元六年十月。

馬懷素墓誌　正書，開元六年十月，今藏江蘇嘉定瞿氏。

永嘉府折衝都尉王元墓誌　正書，開元七年九月。

衛節墓誌　正書，開元七年十一月，今藏河北天津王氏。

處士王則墓誌　正書，開元八年二月。

武州刺史孫思觀墓誌　歐陽植撰，正書，開元八年三月。

兵曹參軍黄承緒墓誌　正書，開元八年十月。

國子生李魚墓銘　正書，開元八年十一月。

襄州穀城縣主簿路玄墓志　正書，開元八年十一月。

鄧州刺史封公及夫人李氏墓誌　正書，開元九年五月。

雅州名山縣尉王大義墓誌　正書，開元九年八月。

使持節相州刺史賀蘭務温墓誌　李昇期撰，正書，開元九年十月。

前左衛翊衛裴君夫人李氏墓誌　正書，開元九年十月。

游擊將軍暢善威墓誌　正書，開元九年十一月。

太子贊善大夫李文獎墓誌　正書，開元九年十二月。

將作監中校署丞趙懷悊墓誌　正書，開元十年二月。

大聖真觀楊法師生墓誌　袁暉撰，正書，開元十年五月。
河南縣丞龐夷遠妻李氏墓誌　母煚撰，正書，開元十年十月。
寇公次女墓誌　正書，開元十年□月。
田靈芝墓誌　正書，開元十一年，今藏河南圖書館。
楊夫人李氏墓誌　正書，開元十一年二月。
中書侍郎衛尉鄉司馬夫人盧氏墓誌　正書，開元十一年二月。
冀州堂陽縣令楊瓊墓誌　徐大亨撰，正書，開元十一年十月。
張敞墓誌　正書，開元十一年十月。
毗迦公主墓誌　正書，開元十一年十月。今藏福建閩侯陳氏。
同州華池府别將李琦墓誌　正書，開元十二年正月。
吏部常選夏侯君前妻樊後妻董氏墓誌　正書，開元十二年正月。
徐州録事參軍王君夫人崔氏墓誌　正書，開元十二年二月。
右衛郎將横野軍副使樊庭觀墓誌　宋務静撰，正書，開元十二年五月。
薛王府國令張嘉福墓誌　正書，開元十二年五月。

使持節潞州諸軍事潞州刺史李懷讓墓誌　正書，開元十二年八月。

定遠將軍陳秀墓誌　正書，開元十二年十一月。

吉州長史疋婁思墓誌　正書，開元十二年十二月。

莊州都督李敬墓誌　正書，開元十二年十二月。

高守墓誌　正書，開元十二年閏十二月，今藏浙江上虞羅氏。

趙思忠墓誌　正書，開元十二年閏十二月。

左領軍衛郎將裴沙墓誌　正書，開元十三年正月。

河南府新安縣丞崔諧墓誌　宋華撰，正書，開元十三年四月。

楚州刺史鄧君夫人王氏墓誌　正書，開元十三年五月。

張夫人吉氏墓誌　正書，開元十三年七月。

鄭元隧墓誌　正書，開元十三年九月。

王待徵墓誌　正書，開元十三年十月。

太子舍人張昭道墓誌　正書，開元十三年十一月。

進士寇堮墓誌　正書，開元十四年正月。

宫人七品墓誌　正書，開元十四年九月。

張詮墓誌　正書，開元十四年十一月，今藏河南圖書館。

雲麾將軍董懷義墓誌　正書，開元十四年十一月。

衛尉卿張滂夫人郭氏墓誌　正書，開元十四年十一月。

王曉夫人崔氏墓誌　正書，開元十四年十二月。

宫人八品墓誌　正書，開元十四年十二月。

中書主書段萬頃墓誌　正書，開元十五年二月。

高士朱君信墓誌　正書，開元十五年二月。

馮氏墓誌　李系撰，正書，開元十五年二月。

高崇敬墓誌　正書，開元十五年二月。

陪戎校尉王勗墓誌　正書，開元十五年二月。

大理寺評事梁郡高崇隱墓誌　李系撰，正書，開元十五年二月。

周夫人趙氏墓誌　正書，開元十五年二月。

徵士孟俊墓誌　正書，開元十五年七月。

崇儒府折衝滎陽鄭仁穎墓誌　鄭虔撰，張勔正書，開元十五年七月。

郢州司馬盧思莊墓誌　正書，開元十五年九月。

興州司馬王游藝墓誌　姚景山撰，正書，開元十五年十月。

蓬州宕渠縣令王思齊墓誌　正書，開元十五年十月。

崔守給墓誌　韋隱之撰，正書，開元十五年十月。

尚書司勳郎中吉渾墓誌　康堯臣撰，正書，開元十五年十一月。

翊衛陳思墓誌　正書，開元十五年十二月。

毛鳳敬墓誌　正書，開元十六年十月。

定襄縣令張楚璋墓誌　正書，開元十七年二月。

蘇州嘉興尉談昕墓誌　正書，開元十七年四月。

孔桃栓墓誌　正書，開元十七年四月。

宋仁感甘夫人墓誌　正書，開元十七年九月，今藏河南安陽古物保存所。

定州長史上柱國李謙墓誌　正書，開元十八年四月。

柏虔玉墓誌　馬光淑撰，正書，開元十八年十月。

涇州陰盤縣尉周義墓誌　周敬友撰，周良弼正書，開元十八年十一月。
襄州長史韋麟墓誌　正書，開元十八年十一月。
左領軍衛李佀墓誌　崔珪璋撰，正書，開元十八年十二月。
洛陽縣録事吕君夫人李氏墓誌　正書，開元十九年二月。
鄭縣主簿李景陽墓誌　正書，開元十九年二月。
監門衛長史皇甫慎墓誌　正書，開元十九年四月。
滎陽鄭公夫人宋氏墓誌　正書，開元十九年十月。
延州都督府士曹參軍事長孫助墓誌　正書，開元十九年十一月。
上柱國司馬銓墓誌　張脩撰，瑶實珪正書，開元十九年十一月。
金谷府折衝都尉王崇禮墓誌　正書，開元二十年二月。
萬州司法參軍王韶墓誌　正書，開元二十年二月。
邠王文學趙夏日墓誌　正書，開元二十年六月。
益州都督府户曹參軍姚遷墓誌　鄭乾撰，正書，開元二十年九月。
幽州會昌縣令賈元恭墓誌　正書，開元二十年九月。

蒲州桑泉縣丞路惲墓誌　正書，開元二十年九月。

泗州司馬苗善物墓誌　苗延嗣撰，正書，開元二十年十一月。

静塞軍司馬杜孚墓誌　正書，開元二十年十一月。

亳州□縣令梁興墓誌　正書，開元二十一年二月。

京兆府渭南縣尉張時譽墓誌　張翃撰，正書，開元二十一年三月。

左羽林軍長史姚重墓誌　正書　開元二十一年三月

王夫人程氏墓誌　正書，開元二十一年四月。

新城府别將張翼墓誌　正書，開元二十一年七月。

鄂州刺史盧翊墓誌　正書，開元二十一年十月。

上柱國韓思墓誌　正書，開元二十一年十月。

邛州司馬楊瑶墓誌　正書，開元二十一年十月。

冀州棗江縣令裴同墓誌　正書，開元二十一年十月。

國子司業開休元墓誌　郭靈巳撰，正書，開元二十一年十一月。

海陵縣令李君及夫人郭氏墓誌　郭幹正書，開元二十一年十一月。

孟暉墓誌　正書，開元二十二年正月。
永安府左果毅都尉崔澤夫人張氏墓誌　正書，開元二十二年正月。
澤州太行鎮將安教臣墓誌　正書，開元二十二年四月。
綿州司馬白義寶墓誌　正書，開元二十二年十月。
張休光墓誌　八分書，開元二十二年十月，今藏河南圖書館。
右威將軍王景曜墓誌　正書，開元二十三年二月。
夏侯眕墓誌　宋禮撰，正書，開元二十三年三月。
瑕丘縣主簿馬君夫人董氏墓誌　徐占撰，正書，開元二十三年三月。
左監門衛將軍白知禮墓誌　正書，開元二十三年三月。
張仁方墓誌　正書，開元二十四年四月。
劉秦客及夫人楊氏墓誌　正書，開元二十四年五月。
宮人墓誌　正書，開元二十四年六月。
皇甫賓妻楊氏墓誌　正書，開元二十四年八月。
杭州長史姚翊墓誌　正書，開元二十四年十月。

開州刺史鄭訢墓誌　正書，開元二十四年十一月。

漢州刺史獨孤炫墓誌　子乘撰，孫纘書，開元二十四年十一月。

杭州鹽官主簿陳敬忠墓誌　正書，開元二十五年正月。

泉州龍溪縣尉李君墓誌　正書，開元二十五年二月。

程冬笋墓誌　崔愿撰劉崑正書，開元二十五年四月。

深州司户參軍武幼範墓誌　正書，開元二十五年五月。

内供奉竹敬墓誌　正書，開元二十五年十二月。

居士李知墓誌　正書，開元二十六年正月。

元子上妻鄭氏墓誌　正書，開元二十六年二月。

河南府兵曹何最墓誌　裴汯撰，正書，開元二十六年四月。按，碑不著年號，但云二十六年。有唐一代，僅開元有二十六年，故編於此。

濟州司户參軍鄭撝墓誌　蔣謚撰寇巒正書，開元二十七年正月。

恒州真定縣丞姚如衡墓誌　正書，開元二十七年四月。

張尊師墓誌　正書，開元二十七年五月。

鄂州刺史盧公夫人張氏墓誌　鄭長裕撰，正書，開元二十七年八月。

通事舍人杜元夫人崔氏墓誌　正書　開元二十七年十月

天水縣君趙氏墓誌　正書，開元二十七年十月。

楊夫人張氏墓誌　正書，開元二十七年十月。

孝廉李泉墓誌　向遷高撰，正書，開元二十七年十二月。

南齊隨郡王曾孫蕭紹遠墓誌　馬巽撰，正書，開元二十八年二月。

尚輦直長崔公夫人鄭氏墓誌　正書，開元二十八年八月。

亳州臨涣縣丞趙瓊琰墓誌　趙□撰，正書，開元二十九年三月。

左監門衛大將軍太原白知禮墓誌　正書，開元二十九年四月，第二誌。

大洞法師齊國田仙寮玄達墓誌　李華撰，盧肅正書，開元二十九年六月。

相州林憲縣尉邢超墓誌　正書，開元二十九年十月。

汾州長史浩豐墓誌　正書，開元二十九年十一月。

蔣敏妻張氏墓誌　閻琪撰，正書，開元二十九年十一月。

宫人墓誌　正書，開元□年二月。

參軍裴迴及夫人李氏墓誌　蔣□撰，正書，開元□年四月

王泠然墓誌　正書，天寶元年正月。

冀州參軍張本墓誌　正書，天寶元年正月。

吏部常選鄭瑨墓誌　正書，天寶元年五月。

鄱陽縣尉李公之女墓誌　正書，天寶元年七月。

李賓墓誌　正書，天寶元年八月。

上殤姚氏墓誌　正書，天寶元年八月。

三洞先生張尊師乘運墓誌　正書，天寶元年九月。

番禺縣主簿樊君夫人田氏墓誌　正書，天寶元年十月。

處士陳君夫人甯氏墓誌　正書，天寶元年十月。

乾封縣令徐元隱墓誌　正書，天寶二年四月。

國子直監張敬己夫人王氏墓誌　馬言撰并正書，天寶二年七月。

譙郡司馬王秦客墓誌　正書，天寶二年十月。

河清縣主簿左光胤墓誌　張楚金撰，李新正書，天寶二年十二月。

郴州司士參軍王公度墓誌　正書，天寶二年十二月。

處士皇甫政墓誌　正書，天寶三年閏二月。

廣州刺史張思鼎墓誌　正書，天寶三年閏二月。

邕府都督陸公夫人元氏墓誌　正書，天寶三年八月。

楊令暉墓誌　正書，天寶三年十一月。

裴鎬墓誌　正書，天寶三年十一月。

鶴臺府果毅馬延徽墓誌　正書，天寶四年正月。

吏部常選王元墓誌　正書，天寶四年二月。

王訓妻朱氏墓誌　正書，天寶四年二月，今藏河南圖書館。

雲麾將軍李懷墓誌　正書，天寶四年四月。

偃師縣令王府君妻鄭氏墓誌　楊陵撰，正書，天寶四年六月。

洪府法曹參軍鄭君夫人万俟氏墓誌　正書，天寶四年七月。

江華郡太守和守陽墓誌　毛肅然撰，正書，天寶四年十月。

通事舍人高傭墓誌　竇蘭撰，正書，天寶四年十月。

杜福墓誌　孫賈慰撰并正書，天寶四年十月。

海陵縣丞張俊墓誌　趙推撰，侄同晏正書，天寶四年十月。

太子右庶子劉穎墓誌　薛蔡撰，正書，天寶四年十月。

汝陰縣令裴琨墓誌　正書，天寶四年十二月。

趙郡司户參軍庾若訥墓誌　正書，天寶五年二月。

蘇夫人吕氏墓誌　正書，天寶五年三月。

武德縣令楊岌墓誌　崔濳撰，正書，天寶六年正月。

太子詹事源光乘墓誌　柳芳撰，正書，天寶六年二月。

流江縣丞朱光宙墓誌　正書，天寶六年三月。

太原府少尹盧明遠墓誌　崔至撰，正書，天寶六年十月。

文安縣尉程思慶墓誌　張瑨正書，天寶七年五月。

寧遠將軍王元泰墓誌　郭懷琰撰，正書，天寶七年七月。

延王府户曹丁韶墓誌　正書，天寶七年十月。

裴夫人祖氏墓誌　正書，天寶七年十月。

陶元欽夫人王氏墓誌　正書，天寶七年十一月。

恒王府長史寇洋墓誌　賀蘭弼撰，寇瑱正書，天寶七年十一月。

參軍陸豐妻胡氏墓誌正書　天寶八年八月

崔氏殤子墓誌　正書，天寶八年九月。

將作監左丞吴福將墓誌　周頎撰，正書，天寶八年十一月。

國子監丞李濟墓誌　劉去奢撰，正書，天寶八年十一月。

張夫人崔氏墓誌　張恒撰，李封正書，天寶九年七月。

新安郡婺源縣令范仙嶠墓誌　天寶九年八月。

平遥縣尉慕容夫人源氏墓誌　正書，天寶九年八月。

涼王府功曹參軍于偃墓誌　正書，天寶九年十一月。

李夫人韋氏墓誌　高蓋撰，陳絢正書，天寶九年十一月。

禹城縣令李庭訓墓誌　杜鎮撰，正書，天寶九年十一月。

詹事府司直張椅墓誌　正書，天寶九年踰月。

安陽縣宰趙佺墓誌　鄭蓁撰，正書，天寶十年正月。

房光庭墓誌　正書，天寶十年三月。

都督府長史王承裕墓誌　張瑗撰，趙少堅正書，天寶十年五月。

高道不仕房有非墓誌　正書，天寶十年八月。

高夫人杜氏墓誌　正書，天寶十年十月。

襄陽縣尉王鴻墓誌　正書，天寶十一年十一月。

李廉盧蹬墓誌　正書，天寶十年十一月。

濟陰郡參軍崔義邕墓誌　正書，天寶十年十一月。

賈崇璋夫人陸氏墓誌　正書，天寶十一年二月。

蕭夫人墓誌　正書，天寶十一年五月。

雲麾將軍齊胡墓誌　正書，天寶十一年五月。

盧夫人楊氏墓誌　正書，天寶十一年十月。

房府君夫人耿氏墓誌　正書，天寶十二年正月。

侯氏墓誌　正書，天寶十二年四月。

鄭夫人墓誌　崔衆甫撰，正書，天寶十二年五月。

長城縣尉李夫人裴氏墓誌　鄭詧撰，正書，天寶十二年五月。

韋元逸夫人李氏墓誌　正書，天寶十二年八月。

壽張縣令盧合墓誌　崔泉撰，正書，天寶十二年十月。

高士哲人裴處琟墓誌　正書，天寶十二年十月。

元舒温墓誌　正書，天寶十二年十月。

賈欽惠墓誌　蕭穎士撰，侄樓梧正書，天寶十二年十月。

司法參軍姚希直墓誌　王邕撰，正書，天寶十二年十月。

于夫人裴氏墓誌　辛稷撰，正書，天寶十二年十一月。

溴梁府都尉李涣墓誌　正書，天寶十三年正月。

口口憑墓誌　正書，天寶十三年正月。

裴夫人李氏墓誌　李翼撰并正書，天寶十三年二月。

信王府士曹崔傑墓誌　正書，天寶十三年十月。

原城府别將裴銑墓誌　正書，天寶十三年閏十一月。

永年府録事參軍盧自省墓誌　房由撰，正書，天寶十三年閏十一月。

張安生墓誌　行書，天寶十四年二月，今藏山西寧武楊氏。
龍溪郡太守□今直墓誌　郭懷玟撰并正書，天寶十四年三月。
洛交郡長史趙懷珽墓誌　正書，天寶十六年九月。
河南府壽安縣尉明晉墓誌　楊諤撰，正書，至德二年十一月。
慕容曉墓誌　正書，乾元元年三月。
兖州鄒縣尉盧仲容墓誌　徐崐撰，正書，乾元三年二月。
左衛騎曹參軍崔夐墓誌　裴穎撰，正書，乾元二年七月。
聖武觀女道士馬凌虚墓誌　李史魚撰，正書，燕安禄山聖武元年正月。
盧氏女子墓誌　正書，燕聖武元年三月。
左中候内閑廄長都尉陳牟墓誌　陳亢撰，正書，燕聖武元年五月。
杭州司户呼延府君夫人張氏墓誌　正書，燕安禄山聖武二年二月。
長孫夫人陰堂文　正書左行，燕聖武二年十月，今藏浙江上處羅氏。
徐懷隱墓誌　正書，燕聖武二年十月，今藏陜西三原于氏。
楊光墓誌　正書，史思明順天二年八月，今藏河南安陽古物保存所。

齊州禹城縣令李君夫人崔氏墓誌　正書，史思明順天二年十一月。
大理寺丞司馬望墓誌　鄭齊舟撰，紫閎正書，史朝義顯聖元年六月。
太常寺主簿孫府君墓誌　正書，史朝義顯聖元年七月。
張琛墓誌　正書，寶應元年二月。
焦璀墓誌　正書，寶應元年十二月，今藏陜西渭南趙氏。
北海郡守秘書監李邕墓誌　子昂撰，正書，大曆三年十一月。
杭州錢唐縣尉元真墓誌　正書，大曆四年七月。
冠氏縣尉盧府君夫人崔氏墓誌　正書，大曆四年十一月。
大理評事王晉俗墓誌　崔儒撰，八分書，大曆六年五月。
河南府新安縣令張炅墓誌　江夏李繫撰，正書，大曆六年八月。
相州成安縣主簿張倜墓誌　正書，大曆六年十月。
鄂州永興縣主簿張顧墓誌　趙植撰，正書，大曆八年十一月。
金吾衛大將軍高如詮墓誌　正書，大曆十一年二月。
崔夫人盧氏墓誌　崔沔撰，正書，大曆十三年四月。

著作郎崔衆甫墓誌　弟祐甫撰，正書，大曆十三年四月。

洛陽縣尉竇寓墓誌　正書，大曆十四年八月。

洪州刺史張雄墓誌　張士源撰，正書，建中元年二月。

殿中侍御史張翔墓誌　獨孤良弼撰，獨孤愿書，建中元年二月。

房有非及夫人尚氏墓誌　正書，建中二年十月。

楚州長史源溥墓誌　蔣鉥撰，正書，建中四年二月。

汝州魯山縣丞馬齊卿墓誌　劉震撰，張文哲正書，貞元三年二月。

汜水縣丞邢倨夫人景氏墓誌　邢倨撰，正書，貞元三年七月。

源夫人墓誌　陶戴撰，正書，貞元四年五月。

詹事司直孫公夫人李氏墓誌　侄公輔撰并正書，貞元五年五月。

右樂府郎將李夫人楊氏墓誌　皇甫翰撰，正書，貞元六年七月。

考城縣令柳均及夫人李氏墓誌　李師稷撰，正書，貞元六年十月刻，二石。

宋州宋城尉閻士熊墓誌　高融撰，正書，貞元六年十一月。

太湖縣丞楊頌墓誌　正書，貞元七年四月。

司法參軍李宏墓誌　弟宰撰，正書，貞元八年十二月。
賈琁墓誌　正書，貞元九年正月。
大理評事鄭公夫人盧氏墓誌　鄭易撰，正書，貞元十一年二月。
金州刺史鄭公夫人盧氏墓誌　鄭易撰，正書，貞元十二年三月。
太常卿劉希陽及夫人韓氏墓誌　張傳禮撰，正書，貞元十二年四月。
明州司馬陽濟墓誌　劉長子撰，正書，貞元十二年七月。
游擊將軍臧曄墓誌　正書，貞元十三年十一月。
王夫人侯氏墓誌　兄造撰并正書，貞元十三年十一月。
扶風縣兵馬使蘇日榮墓誌　房次卿撰，正書，貞元十四年八月。
鉅鹿魏君及夫人裴氏合葬誌　正書，貞元十四年十一月。
東平吕府君夫人霍氏墓誌　正書，貞元十四年十二月。
汝州長史崔契臣墓誌　正書，貞元十五年三月。
隴西李君夫人榮氏墓誌　韋少輯撰，正書，貞元十五年十一月。
王平墓誌　嵩岳沙門温雅撰，正書，貞元十六年十月。

鹽鐵轉運使張滂墓誌　李灞撰，張嶷正書，貞元十七年九月。

河南府密縣丞薛迅墓誌　杜密撰，正書，貞元十七年十一月。

兵曹參軍李進榮墓誌　沙門靈沼撰，正書，貞元十七年十一月。

處士元襄墓誌　楊必復撰并正書，貞元十七年十一月。

京兆府藍田縣尉孫嬰墓誌　孫保衡撰，正書，貞元十八年二月。

藍田縣尉孫君幼女墓誌　孫保衡撰，正書，貞元十八年二月。

李夫人劉氏墓誌　趙南華撰，行書，貞元十八年十二月。

建德縣尉蔡浩夫人段氏墓誌　趙南華撰，行書，貞元十九年八月。

武城縣開國伯崔千里墓誌　孤子崔恕撰，正書，貞元十九年十月。

大理寺評事陶英夫人張氏墓誌　成公羽撰并正書，貞元十九年十一月。

太子賓客盧翊墓誌　吕周任撰，正書，貞元二十年八月。

中郎將李夫人榮氏墓誌　韋少輯撰，正書，貞元二十年十一月。

處士元濬長墓誌　元京撰，元章正書，貞元二十一年三月。

桂州刺史中丞孫府君夫人盧氏墓誌　裴垍撰，子保衡書，永貞元年十一月。

崔氏十六女墓誌　正書，元和元年正月。

太原府參軍蕭鍊墓誌　蕭榮撰，正書，元和九年二月。

左衛兵參軍裴孝先墓誌　正書，元和元年八月。

長葛縣尉孫君妻鄭氏墓誌　兄保衡撰，弟審象正書，元和二年八月。

苗夫人楊氏墓誌　正書，元和四年八月。

硤州司馬鄭君夫人盧氏墓誌　李寬中撰，正書，元和五年四月。

同州長史韋君夫人孫氏墓誌　正書，元和五年八月。

任氏夫人墓誌　正書，元和六年十月。

陳夫人南氏墓誌　弟卓撰，正書，元和六年十一月。

何夫人邊氏墓誌　沙門文晈撰并正書，元和七年八月。

絳州曲沃縣令鄭君夫人趙氏墓誌　盧載撰，正書，元和九年五月。

夫人崔氏墓誌　夫裴簡撰，正書，元和九年五月。

左贊善大夫李翹墓誌　子正卿撰，正書，元和九年七月。

密縣丞薛君夫人元氏墓誌　杜密撰，杜景立正書，元和十年八月。

絳州刺史鄭敬墓誌　弟易述正書，元和十一年二月。

鄭氏嫡長殤墓記　父易撰，正書，元和十一年八月。

元夫人崔氏墓記　李彧述正書，元和十二年二月。

權氏殤子墓誌　正書，元和十二年七月，德輿之孫也。

騎都尉國子祭酒楊甯墓誌　錢徽撰，孔敏行書，元和十二年八月。楊汝士之父也。

鄭滑節度十將孟維墓誌　子儉正書，元和十二年十月。

福昌縣丞李夫人劉氏墓誌　姪三復撰，正書，元和十三年八月。

裴氏女墓誌　父裴弘泰撰，柳宗禮正書，元和十四年十一月。

鄭氏男墓誌　弟鄭衢撰，正書，元和十五年閏正月。

陳州司兵參軍鄭憬墓誌　正書，元和十五年四月。

宋氏夫人墓誌　沙門齊諸撰，正書，元和十五年九月。

處士崔偃墓誌　弟後撰，正書，元和十五年十月。

魏氏繼室盧氏墓誌　夫魏稱撰，正書，長慶元年十一月。

袁州宜春縣尉李□墓誌　王玄同撰，正書，長慶二年五月。

太常寺太祝盧直墓誌　兄盧方撰，正書，長慶三年十月。

李氏解夫人墓誌　趙南華撰并書，寶曆二年正月。

左金吾衛兵曹參軍胡泰墓誌　薛蒙撰，正書，寶曆元年二月。

王端墓誌　正書，寶曆元年二月。

黄崗縣丞陳夫人諸葛氏墓誌　鄭抱一撰，子康正書，寶曆元年六月。

山南東道太僕寺丞王敬仲墓誌　盧德明撰，正書，寶曆二年三月。

高府君墓誌　正書，寶曆二年十一月。

鄉貢進士韋行素墓誌　崔周冕撰，正書，太和元年十月。

汝州長史崔公夫人李氏墓誌　崔耿撰，崔杭正書，太和二年二月。

向清墓誌　正書，太和二年二月。向本襄州襄陽人。

楊氏墓誌　正書，太和三年七月。

滑州司法參軍盧初墓誌　孫知退撰，正書，太和三年十月。

太原府文水縣尉裴誼墓誌　弟裴蘭撰，正書，太和三年十二月。

鹽鐵轉運使劉茂貞墓誌　盧樅撰，□弘慶正書，太和四年十月。

亳州録事參軍任修墓誌　李師可撰，正書，太和四年十二月。

汝州都防禦使崔弘禮墓誌　王璠撰，□權璩正書，太和五年四月。

海陵縣令劉尚賓妻盧氏墓誌　弟盧澗撰，正書，太和五年八月。

太常寺太祝盧君妻崔夫人墓誌　弟讜撰，正書，太和六年正月。

飛騎尉杭秀稜墓誌　程度撰，吕貞固正書，太和六年十月。

上柱國李蟾墓誌　崔栯撰，正書，太和七年閏七月。

殿中監上柱國王翼墓誌　盧蕃撰，正書，太和八年正月。

茂州刺史竇季餘墓誌　高証撰，□渾正書，太和八年三月。

渤海嚴氏墓誌　田聿撰並行書，太和八年五月。

太原王振墓誌　陳鉽撰，正書，太和八年八月。

崔昂墓誌　行書，太和八年十月。

田少直墓誌　郭夷簡撰，正書，太和八年十一月。

河南府虞鄉縣尉李翼墓誌　武公緒撰，正書，太和九年正月。

滎陽鄭氏女墓誌　鄭紀撰，鄭縝書，太和九年四月。

國子監禮記博士趙正卿墓誌　袁都撰，正書，太和九年四月。

會稽縣尉崔公夫人鄭氏墓誌　姪崔倬撰，正書，太和九年八月。

崔洧墓誌　姪耿撰，姪倬正書，開成元年正月。

孫夫人程氏墓誌　趙韜撰，正書，開成元年十一月。

處士王修本墓誌　韋廉撰，正書，開成二年十月。

衛公夫人高氏墓誌　正書，開成二年十月。

趙夫人張氏玄堂記　正書，開成六年二月。

滎陽毛公墓誌　正書，開成六年正月。

上柱國蘇恩夫人盧氏墓誌　趙博齊撰，正書，會昌元年十月。

汝州司馬孫審象墓誌　姪孫簡撰，正書，會昌元年十二月。

郎中孫起繼夫人裴氏墓誌　姪瞉撰，正書，會昌元年十二月。

鄭尊師墓誌　道士蘇玄賞撰，正書，會昌二年正月。

宋州碭山縣令鄭紀墓誌　宋黄撰并正書，會昌二年正月。

處士張從古墓誌　鄭彧撰，正書，會昌三年二月。

京兆杜夫人墓誌　夫楊宇撰并書，李義山篆蓋，會昌三年八月。

晉昌唐汝幼墓誌　唐師禮撰，正書，會昌四年二月。

亳州永城縣丞胡宗約夫人楊氏墓誌　徐備撰，胡竦正書，會昌四年閏七月。

武進縣尉王夫人蘇氏墓誌　姪王讓撰，侄謝正書。

劉夫人墓誌　鄉貢開元禮史實撰，正書，會昌四年九月。

綿州刺史李正卿墓誌　李褒撰，賈存辭正書，會昌四年十二月。

北平田在卞墓誌　正書，會昌五年八月。

竇口妻李氏墓誌　正書，會昌六年十一月。

閭丘氏夫人墓誌　正書，會昌六年十二月。

夫人李氏墓誌　韋邈撰，正書，大中元年二月。

曹夫人樊氏墓誌　殷仲宣撰，正書，大中元年七月。

匡城縣尉崔夫人劉氏墓誌　崔陟撰，正書，大中元年十月。

朱夫人墓誌　正書，大中二年七月。

京兆韋氏夫人墓誌　正書，大中二年十一月。

魏仲連墓誌　薛承彪撰，正書，大中三年二月。

陝州大都督左司馬寇章墓誌　崔耿撰，韓隨正書，大中四年正月。

巴州刺史張信墓誌　姪琪撰，正書，大中四年十一月。

鄉貢進士劉宣墓誌　正書，大中四年七月。

内莊宅使都勾官張汶墓誌　暢曈撰，正書，大中四年十月。

長洲縣令孫君夫人張氏墓誌　姪須撰并正書，大中四年十月撰。人名泐，細審，非「須」字。

吴孝恭葬記　正書，大中五年四月。

太子賓客張季戎墓誌　李蜀撰，正書，大中五年十月。

國子助教楊宇墓誌　兄牢撰，正書，大中五年十一月。

王氏墓誌　正書，大中五年十一月。

江陵縣尉崔芭合祔墓誌　崔悼撰，正書，大中六年二月。

刑部郎中上柱國盧就墓誌　畢諴撰，子喬正書，大中六年二月。

大洞鍊師劉致柔墓誌　致柔自製誌，正書，大中六年十二月。

潁上縣令李公度墓誌　薛眈撰，正書，大中七年正月。

鄆州壽張縣尉李珪墓誌　高璩撰，李行正書，大中七年七月。

光禄大夫華公夫人張氏墓誌　韓師復撰，吕慎徽正書，大中七年十月。

監察御史登封縣令沈師黄墓誌　兄沈中黄撰，弟沈佐黄正書，大中八年八月。

國子助教盧當墓誌　鄭勃撰，盧岫正書，大中九年二月。

殿中少監苗弘本墓誌　苗恪撰，苗博正書，大中九年閏四月。

李氏室女墓誌　兄駟正書，大中九年五月。

丹州刺史楊乾光墓誌　劉旭撰，烏次安正書，大中九年八月。

江州尋陽縣丞支光墓誌　朱賀撰，正書，大中十年五月。

隨州刺史太子少詹事殿中監支成墓誌　朱賀撰，正書，大中十年五月。

盧緘夫人崔氏墓誌　夫盧緘撰，兄崔慣正書，大中十一年四月。

鄉貢進士李眈墓誌　兄業撰，正書，大中十一年五月。

太子賓客殿中御史陳諭墓誌　正書，大中十一年八月。

衡州耒陽縣尉李述墓誌　鄭希範撰，正書，大中十一年八月。

泗州司倉參軍劉夫人張氏墓誌　子航撰，正書，大中十一年十一月。

宣城縣尉范陽盧宏并夫人崔氏墓誌　鄭球撰，八分書，大中十二年二月。

鞏洛府折衝騎都尉張昱墓誌　正書，大中十三年十月。

鄭州原武縣尉丁佑及夫人于氏合祔墓誌　正書，大中十三年十月。

鄉貢進士燉煌張審文墓誌　李倣撰，兄審理正書，大中十三年十一月。

韋夫人齊氏墓誌　弟孝曾撰，正書，大中十四年十月。

瑒山縣令鄭夫人盧氏墓誌　崔居晦撰，正書，咸通二年二月。

李氏長女墓誌　兄李夢龜撰，正書，咸通二年四月。

中書舍人裴公夫人彭氏墓誌　子蟾撰，正書，咸通二年四月。

鄭州鄭陽縣尉張勍墓誌　正書，咸通二年八月。

東都留守都防太子賓客張夫人鞏氏墓誌　陳汀撰，正書，咸通二年十一月。

楊皓墓誌　楊壇撰，正書，咸通二年十一月。

嚴籌墓誌　杜巖撰，正書，咸通三年十月。

工部尚書支公女練師墓誌　支謨撰，正書，咸通三年十月。

李一娘子墓誌　張之美撰，正書，咸通三年十二月。

淩縣丞張觀墓誌　李瓌撰，正書，咸通四年四月。

邢州刺史李肱兒母陳太儀墓誌　李肱撰，正書，咸通四年六月。

國子祭酒兼殿中侍御史張諒墓誌　盧兼撰，李慶復正書，咸通五年十一月。

鄉貢進士孫備夫人于氏墓誌　正書，咸通六年五月。

左羽林軍副使魏儔墓誌　李球撰，正書，咸通六年十月。

慈州太守謝觀妻隴西縣君李氏墓誌　男承昭述正書，咸通六年十一月。

譙郡姜夫人墓誌　李坦撰，正書，咸通七年二月。

孫虬側室杜氏墓誌　孫玩撰，任體仁正書，咸通八年四月。

慈州刺史謝觀墓誌　謝觀自撰，正書，咸通八年八月。

歐陽正字夫人謝氏墓誌　兄謝亟昭撰，正書，咸通九年七月。

魏夫人張氏墓誌　李球撰，正書，咸通九年七月。

監察御史孫虬女墓誌　孫虬記，正書，咸通九年十月。

衙前兵馬使魏虔威墓誌　郝乘撰，正書，咸通九年十月。

申州刺史崔君側室樊氏墓誌　張玄暉撰，正書，咸通十年六月。

孟州司馬孫□府君墓誌　孫徽撰，孫綱正書，咸通十一年八月。

鄉貢進士張曄墓誌　李夷遇撰，正書，咸通十一年十一月。

光州刺史李公夫人崔氏墓誌　姪李瞻撰并正書，咸通十一年十二月。

唐州楊使君第四女墓誌　楊安期撰并正書，咸通十二年五月。

李夫人紇干氏墓誌　紇干濬撰，正書，咸通十二年十月。

南陽樊駰墓誌　王鉟撰，徐洪正書，咸通十二年十一月。

李氏女墓誌　兄李莊撰，賀昭正書，咸通十二年十一月。

中丞樂安孫府君長女墓誌　孫杲撰，堂兄鐃正書，咸通十二年十二月。

汝州臨汝縣令崔紆墓誌　崔返輝撰，正書，咸通十四年二月。

河南府參軍賈洮墓誌　弟涉撰，顧昭孫正書，陳利物篆蓋，咸通十四年八月。

崔湑側室張氏墓誌　崔膺撰并正書，咸通十四年十月。

孫氏女子墓誌　父孫偓述正書，咸通十五年十月。

國子祭酒崔璘墓誌　崔閱撰并正書，乾符三年二月。

上柱國支訴妻鄭氏墓誌　鄭謨撰正書，乾符三年五月。

楊知退妻盧氏墓誌　楊知退撰，楊知言正書，乾符三年八月。

兵部郎中楊思立墓誌　楊知退撰，楊篆正書，乾符三年九月。

李夫人墓誌　弟陲撰并正書，乾符四年八月。

壽州司馬崔植墓誌　子翦述正書，乾符五年四月。

韓緩墓誌　趙均撰，正書，乾符五年十月。

侍御史柳廷宗墓誌　薛纁撰，正書，廣明元年十月。

長水縣丞孫幼實墓誌　兄徽撰并正書，廣明元年十月。

崇雅堂碑録補卷之三終

崇雅堂碑録補卷之四

潛江甘鵬雲藥樵編

唐 均殘墓誌

大理司直兼殿中侍御史揚□墓誌 錢徽撰，正書，八月，無年號。

監察御史元袞及夫人張氏墓誌 唐欽撰，正書，十一月，無年號。

倉曹參軍鄭魯墓誌 盧弘宣撰，正書，十一月，無年號。

潤州句容縣尉褚峰墓誌 崔周楨撰，正書，十一月，無年號。

河南府兵曹何最墓誌 裴浤撰，正書，無年月。

劉夫人墓誌 正書，無年月。

博陵崔公墓誌 正書，無年月。

耿夫人墓誌 正書，無年月。

杜氏夫人墓誌　正書，無年月。

房府君墓誌　正書，無年月。

馮府君墓誌　正書，無年月。

隴西李府君墓誌　正書，無年月。

鄉貢進士李府君墓誌　正書，無年月。

元府君墓誌　正書，無年月。

皇甫公墓誌　正書，無年月。

王府君墓誌　正書，無年月。

崔府君墓誌　正書，無年月。

張府君李夫人合祔誌　正書，無年月。

孫府君墓誌　正書，無年月。

邢府君墓誌　正書，無年月。

封府君墓誌　正書，無年月。

秀士上黨苗君墓誌　正書，無年月。

張尊師玄宮誌　正書，無年月。

張夫人墓誌　正書，無年月。

邊府君誌銘　正書，無年月。

閭丘氏夫人墓誌　八分書，無年月。

范君誌銘　正書，無年月。

夫人鮮于氏墓誌　正書，無年月。

夏侯府君墓誌　正書，無年月。

盧府君墓誌　正書，無年月。

慕容府君墓誌銘　正書，無年月。

向君誌銘　正書，無年月。

胡府君墓誌　正書，無年月。

徐君誌銘　正書，無年月。

徐夫人銘　正書，無年月。一石二刻。

周太原郡王公墓誌　正書，無年月。

姚府君墓誌銘　正書，無年月。

德州司倉鄭君誌　正書，無年月。

太原王府君夫人高氏合祔墓誌　正書，無年月。

著作佐郎崔公墓誌　正書，無年月。

公孫府君墓誌　正書，無年月。

周袁府君墓誌銘　正書，無年月。

御史中丞汀州刺史樂安孫公墓銘　正書，無年月。

户部尚書清河郡開國公崔府君墓誌　正書，無年月。

五精銘　正書，無年月。

亡宫墓誌之銘　正書，無年月。凡四石。

單君墓誌　正書，無年月。以上均殘蝕。

五代

賈栖汭墓誌　正書，己巳年七月。按己巳爲梁開平三年。

鍾公墓誌　正書，梁開平五年四月。今藏河南洛陽存古閣。

宋州觀察支使賈郤文墓誌　鄭山甫撰，正書，梁貞明元年五月。

大理評事孫公妻李氏墓誌　孫紓撰，侄綵書，乙亥年七月。按乙亥爲梁貞明元年。

張筠葬舍利記　正書，梁貞明二年正月，河南安陽。

檢校尚書右僕射蕭符墓誌　侄蕭遽撰，子處謙書，梁龍德二年七月。

清河張氏墓誌　匡習撰并正書，後唐天成三年十一月。

東南面招討使寧江節度西方鄴墓誌　正書，後唐天成四年十月。

毛璋墓誌　劉羽撰，王動己正書，後唐長興元年十一月，今藏浙江吴興徐氏。

光禄大夫冀州刺史商在吉墓誌　正書，後唐清泰二年三月。

王鎔墓誌　盧質撰，正書，晉天祐十九年十二月，今藏河北正定崇國寺。

商州長史梁瓌墓誌　李芝撰，李□正書，晉天福五年三月。

隴西郡夫人開氏墓誌　楊敏昇撰，釋惠進書，晉□年八月。

鴻臚少卿兼御史大夫□令圖墓誌　紇干德覃撰，正書，漢乾祐元年正月。

清河郡太君張氏墓誌　王德成撰，正書，漢乾祐四年十一月，河南新安。

御史大夫武威縣開國男安重遇墓誌　穎贄撰，正書，周顯德元年十一月。

金紫光禄大夫趙鳳墓誌　劉德潤撰，正書，周顯德二年二月。

都指揮使石公夫人元氏墓誌　趙逢撰，正書，周顯德二年三月。

蕭處仁墓誌　蕭士明撰，石忠正書，周顯德三年七月，今藏河南圖書館。

寧州刺史濮陽郡開國侯袁彦進墓誌　韓桂撰，張紹節書，周顯德三年七月。

尋陽公主墓誌　危德興撰，正書，吴楊行密乾貞三年三月，江蘇江都。

李濤妻汪氏墓誌　正書，吴順義四年，今藏江蘇揚州李氏。

張諫南墓誌　正書，南詔段智興乾亨三年十一月，河北河間出土。

宋

太子太師王守恩墓誌　楊廷美撰，正書，建隆元年二月，今藏河南新安張氏千唐誌齋。以下凡不著所在者皆千唐誌齋藏石也。

河南府垛鹽使諱匡圖墓誌　正書，建隆二年十月。

尚書左僕射蔡徽墓誌　正書，乾德五年。

鄭州衙内指揮使安崇禮墓誌　李象撰，正書，開寶四年十月。

月公道者塔記　龔惟節撰，梁景正書，開寶六年三月，山西永濟。

張敬德墓誌　正書，雍熙二年十月，今藏北平端氏。

錢俶墓誌　慎知禮撰，正書，淳化元年正月，河南洛陽。

太子太師樂陵石繼遠墓誌　趙安仁撰，孫中立正書，淳化五年七月。

左衛將軍兼御史吴元戴墓誌　正書，咸平五年十一月。

梁君夫人鐔氏墓誌　子鼎撰并正書，咸平六年十月。

許公墓誌　范仲淹撰，正書，景德□年，河南河内。

審定卵塔銘　沙門紹從正書，景德二年九月，今藏河南洛陽存古閣。

邢昺墓誌　正書，大中祥符三年，河北任丘。

閔榮墓誌　孤子仁度正書，大中祥符五年五月，江蘇吴縣。

夷齊墓碣　蔣堂篆書，慶曆六年六月，山西永濟首陽山。

劉永墓誌　茹孝標撰，臧師錫書，慶曆八年十月。

焦宗古夫人薛氏墓誌　薛通撰，王辨書，嘉祐二年二月。

焦宗説墓誌　李昭撰，王辨書，嘉祐七年二月。

焦宗説夫人張氏墓誌　郭甫撰，王辨書，嘉祐七年二月。

王正中墓表　王鄴正書，治平元年六月，今藏北平端氏。

崔氏墓誌　張吉甫撰，張曜正書，熙寧二年十一月，河南洛陽。

韓恬墓誌　韓琦撰，弟跂正書，熙寧四年二月，河南安陽韓魏公祠。

趙宗道墓誌　韓琦撰，李師宗正書，熙寧四年十一月，今藏河南洛陽存古閣。

宋世昌墓誌　張起撰，宋世隆正書，元豐元年正月。

劉忠舉妻樂氏墓誌　陸經撰，樂涣正書，元豐元年二月。

舒昭敘墓誌　姪紀實正書，元豐元年十二月。

晉祠馬仲良等題名　正書，元豐五年正月，山西太原。

晉祠吕升卿等題名　行書，元豐七年，山西太原。

毋孝子考父墓碣　□賓撰，王璋正書，元豐八年八月，山東安丘。

王説墓誌　舒亶撰，侄杜正書，元豐九年三月，浙江鄞縣。

晉祠曾布題名　吴則禮正書，元祐元年五月，山西太原。

寧公塔銘　正書，元祐元年五月，河南孟縣。

王鐑墓誌　張起撰并書，元祐二年十一月。

萬方墓誌　賀霖撰，張世寧正書，元祐三年八月，山西崞縣申村。

何夫人柴氏墓誌　何中行撰并書，元祐四年九月。

朱侯勛墓誌　楊畏撰，侄敦復正書，元祐八年十月。

劉乙墓誌　李誼伯撰，楚潛正書，馮如晦篆蓋，元祐九年四月。

范子猷夫人石氏墓誌　李師直撰并正書，紹聖元年五月。

宜春縣主趙氏墓誌　李昭玘撰，子恭叔正書，紹聖二年八月。

御史大夫王甫墓誌　陳振撰，崔林正書，紹聖二年八月。

晉祠王脩等題名　正書，紹聖三年四月，山西太原。

艾氏墓誌　韓治撰，王東珣正書，紹聖三年十二月，河南安陽出土，今藏江蘇常熟曾氏。

韓海僧墓誌　韓彦宗正書，紹聖三年十二月，河南安陽出土，今藏江蘇常熟曾氏。

韓宗厚墓誌　朱光裔撰，杜紘正書，紹聖四年九月，河南許縣出土，今藏北平端氏。

李公夫人時氏墓誌　皇甫淳撰，鄭浩正書，建中靖國元年十一月，湖北應城。

璩慶墓誌　行書，元符三年十一月，河南洛陽。

朱君夫人范氏墓誌　林䀎撰，費古正書，崇寧元年三月，江蘇江陰。

黄孝先石碣　正書，崇寧五年，江蘇句容。

仁和縣君王氏墓誌　許巨卿撰并書，大觀元年九月。

吴元禮墓誌　林根撰，潘泰正書，大觀二年十月，浙江温縣。

郭景修墓誌　王允中撰，趙令高正書，大觀四年閏八月，山東東平。

錢愲墓誌　陳恬撰，馬玿正書，政和元年四月。

錢愲夫人向氏墓誌　馬永稽撰并書，政和元年四月。

惠潤和尚塔銘　正書，政和元年七月，山西芮城。

范子嚴墓誌　正書，政和三年六月，陝西寶雞。

楊龍圖公夫人恭氏墓誌　正書，政和三年七月。

姜逵墓誌　謝敞撰，趙師理正書，政和三年十月。

許安國墓誌　韓容撰，王子文正書，王子弼篆蓋，政和六年四月。

孔宗壽墓碣　正書，政和八年九月，山東曲阜孔廟。

淳禪師塔銘　韓韶撰，韓皓正書，政和八年九月，湖北隨縣。

游師孟墓誌　段會撰，正書，宣和元年六月，河南洛陽。

游安民墓誌　朱維撰，楊祖仁正書，宣和元年六月，河南洛陽。

符佾墓誌　正書，宣和二年二月，今藏北平端氏。

王魯翁墓誌　李侁撰，于邵正書，宣和四年九月，河南洛陽。

王安裔墓誌　正書，宣和六年閏三月，今藏浙江上虞羅氏。

施宗慶墓表　宋佾撰，郭紹高正書，宣和七年九月，河南洛陽。

孟邦雄墓誌　李景卿撰，李肅正書，劉豫阜昌三年七月，河南偃師。

鹿何墓誌　樓鑰撰并正書，淳熙十一年十一月，浙江臨海。

潘元熙墓誌　正書，嘉定五年十二月，浙江永嘉出土，今藏永嘉楊氏。

朱通壙誌　正書，寶慶元年七月，浙江温縣。

林仍墓誌　郭磊卿撰并正書，紹定元年九月，浙江仙居。

楊嗣參妻戴氏壙誌　正書，端平元年十一月，浙江臨海。

衛嶽夫及陳氏合祔志　正書，淳祐元年八月，浙江湖州。

郭文慶妻劉氏墓誌　正書，無年月，今藏北平歷史博物館。

遼

智辛塔記　張明撰，正書，應曆二十年十月，今藏北平端氏。

懺悔上人塔記　王虛中撰，正書，大安五年，河北房山上方山。

甯鑒墓誌　虞仲撰并正書，乾統十年五月，山西朔州鄂公祠。

金

都綱遺行記　王章撰，正書，天眷二年，河北房山。

巨源禪師塔銘　釋寶寂撰，正書，皇統元年，山西鳳臺。

寂照禪師塔銘　釋正觀撰，正書，皇統九年五月，山東長清靈巖寺。

李公墓誌　賈圻撰并正書，大定十一年，山西安邑。

王去非墓表　党懷英撰并八分書，大定二十五年，山東平陰。

李祁墓銘　徐量揚撰并正書，明昌六年四月，河北蔚縣。

成氏先塋記　鹿汝弼撰并正書，承安四年二月，山東嘉祥。

東海徐氏墓碣　唐子固撰，徐珍正書，承安四年七月，河南濟源。

段季良墓表　李愈撰，裴國器正書，泰和二年四月，山西稷山。

郭郛墓誌　趙元撰，王忠義正書，崇慶元年八月，山西定襄芳蘭村。

孔總墓表　党懷英撰，正書，貞祐元年十一月，山東曲阜。

孔端用墓碣　八分書，貞祐三年，山東曲阜。

梁氏墓銘　元好問撰，正書，正大八年，山西蒲縣。

元

曹珏墓表　元好問撰，正書，定宗元年，河北西寧。

苟君墓銘　郝經撰，正書，中統元年，河南孟縣。

李讓墓表　王惲撰，正書，至元五年，河北寧晉。

伯顔白鶴寺題壁詩刻　行書，至元十一年。按，即宋咸淳十年。湖北潛江縣西六十里長堖院白鶴寺。

沈志中墓誌　張道亨撰并正書，至元十五年五月，河南河内。

周獻臣墓表　王利用撰，正書，至元二十三年，山西定襄。

陳大中墓塔銘　鄭汝弼撰并正書，至元三十年五月，陝西韓城。

史曼卿墓誌　范庭珪撰，行書，元貞元年四月，浙江餘姚。

趙仲墓誌　宋景祁撰，正書，大德元年四月，山西鄉寧。

李氏先德碣銘　姚燧撰，正書，至大□年，河南河内。

孔鼐墓記　馬驤撰，孔之鼎正書，皇慶元年九月，山東曲阜。

宣武將軍珊竹公神道碑　李洞撰，趙孟頫正書，泰定三年二月，河南新安出土，今藏新安張氏。

皇毅墓誌　虞集撰，蘇天爵正書，元統三年二月，河北藁城。

楝公禪師塔銘　程鉅夫撰，宋弼正書，後至元四年三月，河南登封。

義公塔銘　虞集撰，柳貫正書，後至元六年正月，江蘇吴縣。

涿郡儒學藏書記　吴當撰，貢師泰正書，周伯琦分書題額，至正十年九月，河北涿縣學宫。

宋俠墓誌　歐陽玄正書，至正十四年，河北固安。

海和尚塔銘　虞集撰，揭傒斯正書，至正二十一年四月，浙江鄞縣。

魯郡趙氏墓誌　陳旅撰，正書，無年月，河南安陽。

徐瑞卿墓誌　王廉撰，貢師泰正書，無年月，浙江上虞。

李聚墓銘　姚燧撰，正書，無年月，河北東明。

明

王廷信夫人劉氏墓誌　錢福撰，王昭正書，宣德七年八月。

臨川縣令李俊墓誌　吴昌衍撰，伍禮正書，正統八年十二月。

直隸兩嶺關巡檢孔彰墓誌　李獻撰，潘傚正書，陳相篆蓋，天順六年八月。

處士韓敬墓誌　畢亨撰，戚惠正書，成化七年六月。

先陽王妃孫氏墓誌　正書，成化十年十一月。

義官孫鉉文墓誌　王釗撰，暴孝正書，成化十二年三月。

王夫人李氏墓誌　□庭靈撰，□丹正書并篆蓋，成化十八年八月。

孫母朱氏墓誌　翟庭惠撰，扈俊正書，王釗篆蓋，成化十九年十一月。

洛陽遺彦張振墓誌　喬縉撰，張樹正書，李釗篆蓋，弘治十五年十二月。

弘治敕諭提學教條碑　正書，正德三年郭鳳刻石，湖北潛江縣儒學。

處士韓鎮墓誌　正書，正德四年八月。

孫氏徐夫人墓誌　王繼禄撰，吴鵬翬正書，劉端篆蓋，正德十五年八月。

方城王長子墓誌　林橦撰，陳道正書，宋紀篆蓋，嘉靖四年閏十二月。

明世宗御製敬一箴　正書，嘉靖六年，蕭廷達刻石，湖北潛江縣儒學。

登封郡主墓誌　方偕撰，豐儉正書，李淮篆蓋，嘉靖十四年十月。

孔孺人丘氏墓誌　許□撰，陳□正書，嘉靖十九年八月。

遊靈巖寺詩刻　楊美益草書，嘉靖三十五年。

南溪季尚仁墓誌　喬佑撰，方偕正書，魏果篆蓋，嘉靖三十七年十一月。

安軒公夫人王氏墓誌　應文撰，劉贊正書，嘉靖□年。

隨處體認天理六大字　袁國臣榜書，隆慶中，無年月，湖北潛江縣儒學。

山西絳州知州朱佳齡墓誌　張其年撰，侯恂正書，邢昭德撰蓋，萬曆三年十一月。

潛江縣重修儒學碑記　歐陽柏撰，劉應同正書，劉道隆篆額，萬曆十五年，湖北潛江縣儒學。

潛江縣科甲題名碑　劉垓撰，正書，萬曆二十二年，曹珩刻石。湖北潛江縣儒學。

潛江縣貢士題名碑　劉道隆撰，正書，萬曆二十二年，曹珩刻石。湖北潛江縣儒學。

儒學泮池記　郭之幹撰，正書，萬曆二十八年，湖北潛江縣儒學。

肅齋所記　柴恪撰，郭之幹書，歐陽東鳳篆額，萬曆二十八年，湖北潛江縣儒學。

處士董碧臺墓誌　曹大成撰，正書，萬曆三十年，湖北潛江出土。

潛江儒學碑記　鄒守益撰，劉道隆書，李之皞篆額，萬曆三十二年，湖北潛江縣儒學。

司夫人王氏墓誌　夫司忠撰，子司邦慶正書，萬曆三十三年十一月。

段德懋并張氏合葬墓誌　子世重撰，世美正書，萬曆三十四年三月。

歐陽先生東白墓表　熊廷弼撰，正書，萬曆三十八年，湖北潛江黄漢院。

參宇歐陽先生墓碑銘　賀逢聖撰，正書，萬曆三十八年，湖北潛江黄漢院。

伊藩方城王夫人馮氏墓誌　魏養蒙撰，邢衍祚正書，范宗文篆蓋，萬曆四十二年二月。

武應光及夫人蘇氏段氏侯氏秦氏墓誌　邢紹德撰，武振熊書，萬曆四十二年七月。

韓鍾嶽并夫人朱氏墓誌　子際泰正書，萬曆四十六年十一月。

王季子室人牛氏墓誌　牛崇極撰，王秉灝正書，天啓元年十一月。

錦衣衛舍人吉小溪并夫人劉氏墓誌　弟天叙撰，侄紹正書，天啓四年十二月。

處士陳元珵墓誌　正書，崇禎三年八月。

勸忠歌　郭鋏撰，正書，崇禎中，無年月，湖北潛江儒學。

副使郭登庸嶽麓題名　八分書，無年月，此碑高幾八尺，爲唐宋舊碑，原有字迹，乃刊刻大字，揜蓋前人舊刻，殊可怪。又有草書題名，亦刻在有字迹處，書人姓名及年月均泐，未能詳也。

清

明倫堂臥碑　正書，順治九年，湖北潛江儒學。

御製曉示生員碑　正書、國書，順治九年，舊京國子監。

敕内務府嚴禁中官鐵碑　國書、正書，順治十二年，清故宫。

御製天主堂碑文　國書、正書，順治十四年，宣武門内天主堂。

赤壁無文碑記　李贊元撰并行書，順治十五年二月，湖北黄岡。

御製金太祖世宗陵碑 國書、正書，康熙二年，河北房山。

御製蘆溝橋碑 行書，康熙八年，盧溝橋側。

劉公祠堂碑記 朱允治撰，正書，康熙十九年，湖北潛江西城。

檢藏敬一亭殘碑記 余世羽撰，正書，康熙二十年，湖北潛江儒學。

御製至聖先師贊 張玉書正書，康熙二十五年，舊京國子監。

御製至聖先師贊 張玉書奉敕正書，康熙三十四年吕夏音摹刻，湖北潛江儒學。

御製顔曾思孟四子贊 張玉書奉敕正書，康熙三十四年吕夏音摹刻，湖北潛江儒學。

御製訓飭士子文 正書，康熙四十一年，舊京國子監。又湖北潛江史湛摹刻。

御製平定朔漠告成太學碑文 國書、正書，康熙四十三年，舊京國子監。

御製平定青海告成太學碑文 正書，雍正三年，舊京國子監。

觀海詩石刻 王士俊撰，正書，雍正十一年癸丑，山東蓬萊閣。

御製法源寺碑文 勵宗萬奉勅正書，雍正十二年，在北平本寺。

重修儒學戟門記 顧祖年撰，正書，乾隆四年，湖北潛江學宫。

重修儒學泮池記 王槩撰，正書，乾隆九年，湖北潛江學宫。

御製平定金川告成太學碑文　梁詩正奉敕正書，乾隆十四年王璪摹刻，湖北潛江學宫。

重修傳經書院碑記　杜汝愚撰，蕭承訓正書，乾隆十九年，湖北潛江西城。

御製平定準噶爾告成太學碑文　正書，乾隆二十年，杜汝愚刻石，湖北潛江學宫。

嶽麓歐陽正焕題名　正書，乾隆二十三年九月。

御製平定回部告成太學碑文　正書，乾隆二十四年，舊京國子監，湖北潛江學宫。

九曜石歌并跋　翁方綱撰并正書，乾隆三十一年，廣東番禺。

史公書院記　吴仲英撰，正書，乾隆四十一年，湖北潛江北城外。

御製平定兩金川告成太學碑文　國書、正書，乾隆四十一年，舊京國子監。

減免平涼錢糧紀事并跋　秦震鈞撰并正書，乾隆五十七年四月。

御定石刻十三經碑　蔣衡正書，乾隆六十年，舊京國子監。細目列下：《周易》六碑、《尚書》八碑、《詩經》十三碑、《周禮》十五碑、《儀禮》十七碑、《禮記》二十八碑、《春秋左傳》六十碑、《春秋公羊傳》十二碑、《春秋穀梁傳》十一碑、《論語》五碑、《孝經》一碑、《爾雅》三碑、《孟子》十碑。

騎馬隄挽月碑記　許詢撰，正書，嘉慶三年，湖北潛江。

崇義祠碑記　劉廷銓撰，正書，嘉慶七年，湖北潛江。

御製八旗箴　正書，嘉慶十三年，舊京國子監。

優免聖裔差徭刻石　徐洲撰，正書，嘉慶十五年，湖北潛江。

晉祠凌銓題名　正書，嘉慶十七年四月，山西太原。

御製喜雨山房記　鐵保奉敕正書，嘉慶十八年。

重修尊經閣記　高如川撰，正書，嘉慶十九年，湖北潛江儒學。

彭甘亭墓誌　姚椿撰，正書，道光元年正月。

湖南巡撫李公堯棟神道碑　陳用光撰，正書，道光元年九月。

兵部侍郎吴公其彦墓誌　蔣湘南撰，正書，道光三年十月。

通政司副使喬君遠煐墓誌　辛從益撰，正書，道光三年，湖北孝感。

劉孟塗墓表　方宗誠撰，正書，道光四年閏七月，安徽桐城。

張鱸江墓誌　姚文田撰，正書，道光四年十二月。

鐵楳庵墓誌　汪廷珍撰，正書，道光五年。

姚文僖公文田墓誌　劉鴻翱撰，正書，道光七年十一月。

御製平定回疆告成太學碑　正書，道光九年，舊京國子監。

司經局洗馬戚君人鏡墓誌　唐鑑撰，正書，道光十年八月。

工部侍郎春湖李公墓誌　陳用光撰，正書，道光十一年三月。

管異之墓誌　方東樹撰，正書，道光十一年。

刑部尚書望坡陳公墓誌　陳壽祺撰，正書，道光十二年四月。

户部侍郎顧公皋墓誌　陳用光撰，正書，道光十二年四月。

户部侍郎周公系英神道碑　包世臣撰，正書，道光十二年四月。

山東肥城知縣丁履恒墓碑　包世臣撰，正書，道光十二年五月。

故大臣昭文吴公熊光墓碑　包世臣撰，正書，道光十三年二月。

顧南雅墓誌　程恩澤撰，正書，道光十三年五月。

趙琴士徵君墓誌　陶澍撰，正書，道光十三年七月。

光禄寺卿康公紹鏞神道碑　程恩澤撰，正書，道光十四年四月，山西興縣。

貴溪知縣陸君繼輅墓誌　李兆洛撰，正書，道光十四年六月。

王文簡公引之墓誌　湯金釗撰，正書，道光十四年十一月。

王文簡公墓表銘　龔自珍撰，正書，道光十五年。卒十四年，葬十五年。

顧千里墓誌　李兆洛撰，正書，道光十五年八月。

汪小米墓誌　胡敬撰，正書，道光十六年五月。

黄潛夫墓誌　毛嶽生撰，正書，道光十七年二月。

兵部尚書王公宗誠墓誌　梅曾亮撰，正書，道光十七年。

太鶴先生墓表　宗稷辰撰，正書，道光十七年十月。

朱文定公士彦神道碑　季芝昌撰，正書，道光十八年八月。

潛江考棚記　何渭珍撰，何桂珍正書，道光二十年，湖北潛江。

何文安公凌漢神道碑　阮元撰，正書，道光二十年二月。

沈君欽韓墓誌　王壡撰，正書，道光二十年二月。

吴仲倫墓誌　姚椿撰，正書，道光二十年九月。

毛生甫墓誌　姚椿撰，正書，道光二十一年九月。

梅蘊生墓誌　劉文淇撰，正書，道光二十三年九月。

王文恪公鼎墓誌　馮桂芬撰，正書，道光二十四年四月。

禮部尚書山陽李公宗昉墓誌　徐士芬撰，正書，道光二十六年四月。

張介侯墓誌　錢儀吉撰，正書，道光二十七年五月。
鄧湘皋先生墓表　曾國藩撰，正書，咸豐元年八月。
黎御史吉雲墓誌　左宗棠撰，正書，咸豐四年三月。
潘文恭公世恩墓誌　馮桂芬撰正書，咸豐五年三月。
戴存莊權厝志　方宗誠撰，正書，咸豐五年十月。
湯文端公金釗神道碑　魯一同撰，正書，咸豐六年十一月。
張南山先生墓碑銘　陳澧撰，正書，咸豐七年九月。
内閣學士吴公士芬墓誌　彭藴章撰，正書，咸豐八年三月。
翰林院侍讀孫君鼎臣墓表　吴敏樹撰，正書，咸豐九年三月。
唐確慎公墓誌　曾國藩撰，正書，咸豐十一年正月。
翁文端公心存神道碑　陳澧撰，正書，同治元年十一月。
李莊肅公振裕墓誌　黄雲鵠撰，正書，同治二年十月。
錢君泰吉墓表　曾國藩撰，正書，同治二年十一月。
西漚先生墓誌　黄彭年撰，正書，同治三年。

吏部侍郎歙縣王公茂蔭神道碑題　題李鴻章撰，正書，乃方宗誠代，同治四年六月。

駱文忠公秉章神道碑　蘇廷魁撰，正書，同治六年十一月。

祁文端公寯藻神道碑　秦緗業撰，正書，同治七年四月。

丁君善慶墓志　曾國藩撰，正書，同治八年十一月。

莫子偲墓志　張裕釗撰，正書，同治十年九月。

曾文正公神道碑　李鴻章撰，正書，同治十一年。

曾文正公墓志銘　郭嵩燾撰，正書，同治十一年。

何子貞墓志　熊少牧撰，正書，同治十三年。

大理寺卿朱公學勤神道碑　張佩綸撰，正書，光緒元年正月。

刑部侍郎吴公廷棟墓志　方濬師撰，正書，光緒元年二月。

龐文恪公鍾璐墓志　翁同龢撰，正書，光緒二年閏五月。

吏部侍郎潘公曾瑩墓碑　俞樾撰，正書，光緒四年四月。

馮君焌光神道碑　陳澧撰，正書，光緒四年。

袁文誠公保恒神道碑　吴汝綸撰，正書，光緒六年七月。

劉君熙載墓碑　俞樾撰，正書，光緒七年二月。

毛文達公昶熙神道碑銘　周壽昌撰，正書，光緒八年二月。

劉恭甫墓誌　汪士鐸撰，正書，光緒八年七月。

吏部侍郎夏公同善墓志　譚廷獻撰，正書，光緒十一年三月。

左文襄公神道碑　吴汝綸撰，正書，光緒十一年。

張嘯山先生文虎墓誌　繆荃蓀撰，正書，光緒十一年。

曾惠敏公紀澤墓誌　俞樾撰，正書，光緒十六年閏二月。

彭剛直公神道碑文　俞樾撰，正書，光緒十六年三月。

户部侍郎孫公詒經墓誌　譚廷獻撰，正書，光緒十六年十一月。

兵部侍郎郭公嵩燾神道碑　王先謙撰，正書，光緒十七年九月。

祁文恪公世長神道碑　王先謙撰，正書，光緒十八年八月。

潘文勤公墓誌　李慈銘撰，正書，光緒十八年九月。

鄧彌之墓誌　王闓運撰，正書，光緒十九年。

仁和許公庚身墓誌　馮煦撰，正書，光緒十九年十一月。

陸公心源神道碑　繆荃蓀撰，正書，光緒二十年。

鄧葆之墓誌　王闓運撰，正書，光緒二十一年。

張文達公之萬神道碑　張亨嘉撰，正書，光緒二十四年。

兵部侍郎楊公頤神道碑　王先謙撰，正書，光緒二十五年二月。

太常寺卿袁公昶墓碑　譚廷獻撰，正書，光緒二十六年。

兵部尚書徐公用儀墓誌　俞樾撰，正書，光緒二十六年。

吏部侍郎許公景澄墓誌　俞樾撰，正書，光緒二十七年。

太傅李文忠公墓誌　吴汝綸，于式枚正書，俞樾篆蓋，光緒二十九年二月。

嘉興錢公應溥墓誌　朱福詵撰，正書，光緒二十九年。

薛尚書允升墓誌　孫家鼐撰，正書，光緒二十九年。

張君佩綸墓誌　陳寶琛撰，正書，光緒三十年。

吏部侍郎張公仁黼墓誌　馬其昶撰，正書，光緒三十四年。

王文勤公文韶墓誌　王先謙撰，正書，宣統元年。

孫文正公家鼐神道碑　馬其昶撰，正書，宣統元年。

張文襄公之洞墓誌

陳寶琛撰，正書，宣統二年。

二女世珊督印

三女世玲初校

次孫永惇履校

崇雅堂碑録補卷之四終